Dr. Jaerock Lee

Berjaga-jagalah
dan Berdoalah

URIM BOOKS

Setelah itu Ia kembali kepada murid-murid-Nya itu dan mendapati mereka sedang tidur. Dan Ia berkata kepada Petrus: "Tidakkah kamu sanggup berjaga-jaga satu jam dengan Aku? Berjaga-jagalah dan berdoalah supaya kamu jangan jatuh ke dalam pencobaan; roh memang penurut, tetapi daging lemah."

(Matius 26:40-41).

Berjaga-jagalah dan Berdoalah oleh Dr. Jaerock Lee
Diterbitkan oleh Urim Books (Perwakilan: Kyungtae Noh)
73, Yeouidaebang-ro 22-gil, Dongjak-Gu, Seoul, Korea
www.urimbooks.com

Semua Hak dilindungi oleh UU Buku ini atau bagian dari isinya tidak boleh diproduksi ulang dalam bentuk apapun, disimpan dalam sistem penarikan, atau disebarkan dalam bentuk apapun atau secara elektronik, mekanik, fotokopi, rekaman atau lainnya, tanpa meminta ijin sebelumnya dari penerbit.

Kecuali jika disebutkan, semua kutipan Alkitab diambil dari Alkitab, NEW AMERICAN STANDARD ALKITAB, ®, Copyright, © 1960 1962, 1963, 1968, 1971, 1972, 1973, 1975, 1977, 1995 oleh Lockman Foundation. Digunakan dengan izin.

Hak Cipta © 2016 oleh Dr. Jaerock Lee
ISBN: 979-11-263-0079-2 03230
Hak Cipta Terjemahan © 2010 oleh Dr. Esther K. Chung. Digunakan dengan izin.

Sebelumnya diterbitkan ke dalam bahasa Korea oleh Urim Books tahun 2009

Diterbitkan pertama kali pada bulan Maret 2016

Diedit oleh Dr. Geumsun Vin
Dirancang oleh Biro Editorial Urim Books
Dicetak oleh Perusahaan Percetakan Prione
Untuk keterangan lebih lanjut silakan mengunjungi: urimbook@hotmail.com

Pesan Tentang Penerbitan

Ketika Allah menyuruh kita untuk senantiasa berdoa, Ia juga memberi tahu kepada kita dalam berbagai cara tentang mengapa kita harus terus berdoa dan memperingatkan kita untuk berdoa supaya tidak jatuh ke dalam pencobaan.

Sama seperti bernafas biasa bukanlah suatu hal yang sulit untuk dilakukan oleh orang yang kesehatannya baik, maka orang yang sehat secara rohani akan merasa bahwa berdoa senantiasa dan hidup menurut firman Allah adalah sesuatu yang alami dan tidak menyulitkan. Ini karena sesuai dengan sebanyak apa seseorang berdoa, maka sebanyak itulah ia akan menikmati kesehatan yang baik dan segala sesuatu akan berjalan baik dengan dirinya saat jiwanya menjadi sejahtera. Karena itu, pentingnya doa dalam kehidupan kita harus selalu ditekankan.

Seseorang yang hidupnya telah berakhir tidak akan dapat bernafas melalui hidungnya. Sama halnya juga, orang yang rohnya telah mati tidak akan dapat menhirup nafas rohani. Dengan kata lain, roh manusia mengalami kematian oleh karena dosa Adam, tetapi orang yang rohnya telah dipulihkan oleh Roh Kudus tidak boleh berhenti berdoa selama roh mereka hidup, sama seperti kita tidak bisa berhenti bernafas.

Orang percaya baru yang belum lama menerima Yesus Kristus sama seperti bayi. Mereka tidak tahu bagaimana cara berdoa dan cenderung untuk menganggap bahwa berdoa itu melelahkan. Namun, jika mereka tidak menyerah dalam mengandalkan Firman Allah dan terus berdoa dengan tekun, maka roh mereka akan tumbuh dan menjadi dikuatkan saat mereka berdoa dengan teguh. Orang-orang ini kemudian akan menyadari bahwa mereka tidak dapat hidup tanpa berdoa, sama seperti tidak seorang pun dapat hidup tanpa bernafas.

Doa itu bukan hanya nafas rohani kita melainkan juga saluran komunikasi antara Allah dan anak-anak-Nya, yang harus selalu terbuka. Kenyataan bahwa pada keluarga-keluarga modern sekarang banyak komunikasi yang terputus antara orangtua dan anak-anak mereka merupakan suatu tragedi. Hubungan yang mutual telah rusak dan hubungan mereka sekarang hanya sekedar formalitas belaka. Namun, tidak ada hal yang tidak dapat kita beritahukan kepada Allah kita.

Allah kita yang mahakuasa adalah seorang Bapa penyayang yang paling tahu dan mengerti kita, sangat memperhatikan kita sepanjang waktu, dan rindu agar kita berbicara kepada-Nya dari waktu ke waktu. Oleh karena itu, maka bagi orang percaya doa adalah kunci untuk mengetuk dan membuka pintu ke hati Allah Yang Mahakuasa dan senjata yang melampaui ruang dan waktu. Bukankah kita telah banyak melihat, mendengar, dan mengalami sendiri begitu banyak orang Kristen yang hidupnya telah diubahkan dan arah dari sejarah dunia telah diubah oleh karena doa?

Saat kita dengan rendah hati meminta pertolongan Roh Kudus di dalam doa kita, Allah akan memenuhi kita dengan Roh Kudus, membuat kita lebih jelas memahami kehendak-Nya dan hidup menurut itu, dan membuat kita dapat mengalahkan musuh kita si jahat dan menjadi berkemenangan di dunia ini. Namun demikian, saat seseorang gagal untuk menerima bimbingan Roh Kudus karena ia tidak berdoa, maka ia akan terlebih dulu dan semakin mengandalkan pemikiran serta teorinya sendiri, dan hidup dalam ketidakbenaran yang bertentangan dengan kehendak Allah, dan akan menjadi sulit baginya untuk menerima keselamatan. Itulah sebabnya Alkitab di dalam Kolose 4:2 berkata kepada kita, *"Bertekunlah dalam doa dan dalam pada itu berjaga-jagalah sambil mengucap syukur,"* dan di dalam Matius 26:41, *"Berjaga-jagalah dan berdoalah, supaya kamu jangan jatuh ke dalam pencobaan: roh memang penurut, tetapi daging lemah."*

Alasannya mengapa Anak Allah yang tunggal Yesus dapat menyelesaikan pekerjaan-Nya menurut kehendak Allah adalah karena kuasa doa. Sebelum Ia memulai pelayanannya, Tuhan kita Yesus berpuasa selama 40 hari dan menunjukkan contoh kehidupan doa dengan berdoa kapan pun Ia dapat selama pelayanan tiga tahun-Nya.

Kita menemukan banyak orang Kristen mengenali pentingnya doa tetapi dari mereka gagal untuk menerima jawaban Allah karena mereka tidak tahu bagaimana berdoa menurut kehendak Allah. Saya telah sangat lama merasakan kepedihan karena melihat dan mendengar orang-orang semacam itu, tetapi saya sangat senang bisa menerbitkan sebuah buku tentang berdoa berdasarkan 20 tahun pelayanan dan pengalaman saya sendiri.

Saya berharap buku kecil ini akan sangat menolong bagi setiap pembaca dalam bertemu dan mengalami Allah, dan menjalani kehidupan doa yang penuh kuasa. Semoga setiap pembaca akan berjaga-jaga dan berdoa senantiasa supaya ia dapat menikmati kesehatan yang baik dan segala sesuatu berjalan baik dengan jiwanya, dalam nama Tuhan kita saya berdoa!

Jaerock Lee

Daftar Isi

Pesan Tentang Penerbitan

Bab 1

Mintalah, Carilah, dan Ketuklah — 1

Bab 2

Percayalah Bahwa Kamu Telah Menerimanya — 21

Bab 3

Jenis Doa yang Berkenan kepada Allah — 35

Bab 4

Supaya Kamu Jangan Jatuh ke Dalam Pencobaan   59

Bab 5

Doa Orang Benar Besar Kuasanya   77

Bab 6

Jika Ada Dua Orang Bersepakat di Dunia Ini   91

Bab 7

Berdoalah Senantiasa Dengan Tidak Jemu-Jemu   107

Bab 1

Mintalah, Carilah, dan Ketuklah

Matius 7:7-11

*"Mintalah, maka akan diberikan kepadamu;
carilah, maka kamu akan mendapat;
ketoklah, maka pintu akan dibukakan bagimu.
Karena setiap orang yang meminta, menerima dan setiap orang yang mencari, mendapat dan setiap orang yang mengetok, baginya pintu dibukakan.
Adakah seorang dari padamu yang memberi batu kepada anaknya, jika ia meminta roti, atau memberi ular, jika ia meminta ikan?
Jadi jika kamu yang jahat tahu memberi pemberian yang baik kepada anak-anakmu, apalagi Bapamu yang di surga!
Ia akan memberikan yang baik kepada mereka yang meminta kepada-Nya"*

1. Allah Memberikan Pemberian yang Baik Kepada Orang-Orang Yang Meminta

Allah tidak ingin anak-anak-Nya menderita kemiskinan dan penyakit tapi rindu agar segala perkara dalam kehidupan mereka berjalan dengan baik. Tapi, jika kita hanya duduk bermalas-malasan tanpa berusaha, kita tidak akan menuai apa pun. Meski Allah mampu memberikan kepada kita segala sesuatu di alam semesta ini karena alam semesta ini adalah milik-Nya, Ia ingin anak-anak-Nya meminta, mencari, dan mendapatkan sendiri seperti ada sebuah pepatah tua berbunyi, "Engkau akan memberi makan bayi yang menangis."

Jika ada seseorang yang berharap mendapatkan segalanya dengan bermalas-malasan, ia tidak ada bedanya dengan bunga-bunga yang ditanam di taman. Betapa kecewa orangtua jika anak-anak mereka bertingkah laku seperti tanaman yang tidak dapat bergerak dan sepanjang hari menghabiskan waktu di tempat tidur tanpa berusaha menjalani kehidupannya sendiri? Tingkah laku seperti itu serupa dengan tingkah laku seorang pemalas yang membuang waktunya menunggu buah jatuh dari pohon ke mulutnya.

Allah ingin kita menjadi anak-anak-Nya yang bijak dan tekun yang dengan antusias meminta, mencari, dan mengetuk, kemudian menikmati berkat-berkat-Nya dan memuliakan-Nya. Itulah tepatnya kenapa Ia memerintahkan kita untuk meminta, mencari, dan mengetuk. Tidak ada orangtua yang akan memberi batu saat anaknya meminta roti. Tidak ada orangtua yang akan memberi ular saat anaknya meminta ikan. Sekalipun jika ia orangtua yang jahat, ia rindu memberikan pemberian yang baik kepada anaknya. Tidakkah Anda berpikir Allah kita – yang sangat mengasihi kita hingga memberikan Anak-Nya yang tunggal untuk mati bagi kita – akan memberikan anak-anak-Nya pemberian yang baik saat mereka meminta?

Dalam Yohanes 15:16 Yesus berkata kepada kita, *"Bukan kamu yang memilih Aku, tetapi Akulah yang memilih kamu. Dan Aku telah menetapkan kamu, supaya kamu pergi dan menghasilkan buah dan buahmu itu tetap, supaya apa yang kamu minta kepada Bapa dalam nama-Ku, diberikan-Nya kepadamu."* Inilah janji suci Allah kasih yang mahakuasa bahwa apabila kita dengan tekun meminta, mencari dan mengetuk, Ia akan membuka pintu surga, memberkati kita, dan bahkan menjawab kerinduan hati kita.

Dengan ayat bacaan yang menjadi dasar pasal ini, marilah kita belajar bagaimana meminta, mencari, dan mengetuk dan menerima semua yang kita minta dari Allah sehingga akan menjadi kemuliaan besar bagi-Nya dan sukacita besar bagi kita.

2. Mintalah dan Akan Diberikan Kepadamu

Allah berkata pada semua manusia, "Mintalah dan akan diberikan kepadamu," dan Allah rindu agar semua orang menjadi manusia yang diberkati yang menerima semua yang ia minta. Lalu, untuk apa Ia menyuruh kita meminta?

1) Mintalah Kekuatan Allah dan Melihat Wajah-Nya

Allah, setelah ia menciptakan langit dan bumi dan segala sesuatu yang ada di dalamnya, menciptakan manusia. Dan Ia memberkati mereka dan berfirman kepada mereka untuk "Beranakcuculah dan bertambah banyak; penuhilah bumi dan taklukkanlah itu, berkuasalah atas ikan-ikan di laut dan burung-burung di udara dan atas segala binatang yang merayap di bumi."

Setelah manusia pertama Adam melanggar Firman Allah, ia kehilangan berkat-berkat itu dan bersembunyi dari hadapan Allah saat mendengar suara-Nya (Kejadian 3:8) Sebagai tambahan, manusia yang menjadi berdosa diasingkan dari Allah dan didorong masuk ke dalam jalan kehancuran sebagai budak iblis.

Bagi para pendosa ini, Allah kasih mengirimkan Anak-Nya Yesus Kristus ke dunia untuk menyelamatkan mereka, dan membuka pintu menuju keselamatan mereka. Dan jika seseorang menerima Yesus Kristus sebagai Juru Selamat dan percaya di dalam nama-Nya, Allah mengampuninya atas segala dosanya dan mengaruniakan kepadanya Roh Kudus.

Juga, iman di dalam Yesus Kristus memimpin kita ke dalam keselamatan dan membuat kita mampu untuk menerima kekuatan Allah Hanya bila Allah memberikan kita kekuatan dan kuasa-Nya, kita bisa berhasil menjalani kehidupan yang relijius. Dengan kata lain, hanya oleh anugerah dan kekuatan yang dari atas, kita bisa menaklukkan dunia dan hidup sesuai Firman Allah. Dan kita perlu menerima kuasa-Nya untuk mengalahkan iblis.

Mazmur 105:4 berkata, *"Carilah TUHAN dan kekuatan-Nya, carilah wajah-Nya selalu!"* Allah kita adalah *"AKU ADALAH AKU"* (Keluaran 3:14), Pencipta langit dan bumi (Kejadian 2:4), dan Penguasa seluruh sejarah dan segala sesuatu di dalam alam semesta dari sejak semula dan selamanya. Allah adalah Firman dan dengan Firman Ia menciptakan segala sesuatu di dalam alam semesta dan dengan demikian, Firman-Nya adalah kuasa. Karena perkataan manusia selalu berubah, perkataan itu tidak mengandung kuasa untuk menciptakan atau membuat sesuatu terjadi. Tidak seperti perkataan manusia yang tidak benar dan selalu berubah, Firman Allah hidup dan penuh kuasa, dan bisa melakukan pekerjaan penciptaan.

Karena itu, tidak peduli selemah apa pun seseorang, jika ia mendengar Firman Allah yang hidup dan mempercayainya tanpa ragu, ia, juga, bisa melakukan pekerjaan penciptaan dan menciptakan sesuatu dari yang tidak ada. Penciptaan sesuatu dari hal yang tidak ada adalah mustahil tanpa iman terhadap Firman Allah. Itulah sebabnya Allah menyatakan kepada orang-orang yang datang ke hadapannya, *"Jadilah padamu menurut imanmu"* (Matius 8:13). Kesimpulannya, meminta kekuatan Allah sama saja dengan meminta Ia untuk memberikan iman kepada kita.

Apa, kemudian, yang dimaksud dengan "carilah wajah-Nya selalu"? Sama seperti kita tidak bisa bilang "kenal" seseorang tanpa tahu wajahnya, "mencari wajah-Nya" merujuk pada upaya yang kita lakukan untuk mencari tahu "siapa Allah itu." Ini berarti orang-orang yang sebelumnya menghindari melihat wajah Allah dan mendengar suara-Nya sekarang membuka hati mereka, mencari dan memahami Allah, dan berusaha mendengar suara-Nya. Seorang berdosa tidak mampu menegakkan kepalanya dan mencoba memalingkan wajahnya dari orang lain.. Namun demikian, saat menerima pengampunan, ia bisa menegakkan kepalanya dan memandang orang lain.

Begitu pula, semua manusia telah menjadi pendosa melalui ketidaktaatan kepada Firman Allah, tapi jika seseorang diampuni dengan menerima Yesus Kristus dan menjadi anak-anak Allah dengan menerima Roh Kudus, kini ia bisa melihat Allah yang adalah Terang, karena ia dinyatakan benar oleh Allah yang benar.

Alasan terpenting Allah menyuruh semua orang untuk "meminta untuk melihat wajah Allah" adalah karena Ia ingin setiap mereka -manusai berdosa- diperdamaikan dengan Allah dan menerima Roh Kudus dengan meminta untuk melihat wajah Allah, dan untuk menjadi anak-Nya yang bisa bertemu muka dengan muka dengan-Nya. Ketika seseorang menjadi anak Allah sang Pencipta, ia akan menerima surga dan kehidupan kekal dan sukacita, dimana tidak ada berkat lain yang melebihinya.

2) Mintalah untuk Mewujudkan Kerajaan dan Kebenaran Allah

Orang yang menerima Roh Kudus dan menjadi anak Allah mampu untuk menjalani kehidupan baru, karena ia telah dilahirkan kembali oleh Roh. Allah yang menilai satu jiwa sangat berharga di lseluruh angit dan bumi meminta kita anak-anak-Nya untuk mencari dahulu kerajaan Allah dan kebenaran-Nya di atas segalanya (Matius 6:33).

Yesus mengatakan kepada kita hal berikut:

> *Karena itu Aku berkata kepadamu: Janganlah kuatir akan hidupmu, akan apa yang hendak kamu makan atau minum, dan janganlah kuatir pula akan tubuhmu, akan apa yang hendak kamu pakai.*

Bukankah hidup itu lebih penting dari pada makanan dan tubuh itu lebih penting dari pada pakaian? Pandanglah burung-burung di langit, yang tidak menabur dan tidak menuai dan tidak mengumpulkan bekal dalam lumbung, namun diberi makan oleh Bapamu yang di sorga. Bukankah kamu jauh melebihi burung-burung itu? Siapakah di antara kamu yang karena kekuatirannya dapat menambahkan sehasta saja pada jalan hidupnya? Dan mengapa kamu kuatir akan pakaian? Perhatikanlah bunga bakung di ladang, yang tumbuh tanpa bekerja dan tanpa memintal, namun Aku berkata kepadamu: Salomo dalam segala kemegahannya pun tidak berpakaian seindah salah satu dari bunga itu. Jadi jika demikian Allah mendandani rumput di ladang, yang hari ini ada dan besok dibuang ke dalam api, tidakkah Ia akan terlebih lagi mendandani kamu, hai orang yang kurang percaya? Sebab itu janganlah kamu kuatir dan berkata: Apakah yang akan kami makan? Apakah yang akan kami minum? Apakah yang akan kami pakai? Semua itu dicari bangsa-bangsa yang tidak mengenal Allah. Akan tetapi Bapamu yang di sorga tahu, bahwa kamu memerlukan semuanya itu. Tetapi carilah dahulu Kerajaan Allah dan kebenarannya, maka semuanya itu akan ditambahkan kepadamu.

Lalu, apakah maksd dari "carilah kerajaan Allah?" dan apakah "cari kebenaran-Nya"? Dengan kata lain, untuk apa kita mencari kerajaan Allah dan kebenaran-Nya?

Bagi manusia yang telah menjadi budak iblis dan ditakdirkan untuk binasa, Allah mengirimkan Anak-Nya yang tunggal ke bumi dan mengizinkan Yesus mati di kayu salib. Melalui Yesus Kristus, Allah juga memulihkan kuasa kita yang hilang dan mengizinkan kita untuk berjalan di jalan keselamatan. Semakin banyak kita memberitakan kabar tentang Yesus Kristus yang mati bagi kita dan dibangkitkan, semakin banyak kekuatan Setan yang dihancurkan. Semakin banyak kekuatan Setan dihancurkan, semakin banyak jiwa-jiwa yang hilang akan datang pada keselamatan. Semakin banyak jiwa-jiwa yang hilang datang pada keselamatan, akan semakin luas kerajaan Allah. Jadi, "Mencari kerajaan Allah" merujuk pada berdoa untuk pekerjaan menyelamatkan jiwa-jiwa atau misi dunia, sehingga semua orang bisa menjadi anak-anak Allah.

Dahulu kita hidup di dalam kegelapan dan di tengah-tengah dosa dan kejahatan, namun melalui Yesus Kristus kita diberi kuasa untuk datang ke hadapan Allah yang adalah terang. Karena Allah tinggal dalam kebaikan, dalam kebenaran, dan di dalam terang, dengan dosa dan kejahatan kita tidak dapat datang ke hadapan-Nya atau pun menjadi anak-anak-Nya.

Karena itu, "Mencari kebenaran Allah" merujuk pada berdoa agar roh seseorang yang mati bisa dibangkitkan, jiwanya sejahtera dan ia menjadi benar dengan hidup sesuai Firman Allah. Kita harus meminta kepada Allah agar mengizinkan kita mendengar dan diterangi oleh Firman Allah, keluar dari dosa dan kegelapan dan tinggal di dalam terang, dan dikuduskan dengan menjaga kekudusan Allah.

Mematikan keinginan daging menurut kehendak Roh Kudus dan dikuduskan melalui hidup dalam kebenaran adalah mewujudkan kebenaran Allah. Lebih lagi, saat kita mencari kebenaran Allah kita akan menikmati kesehatan dan segala hal akan baik-baik saja bagi kita bahkan jiwa kita sejahtera (3 Yohanes 1:2) Itulah sebabnya Allah memerintahkan kita untuk mencari dahulu kerajaan Allah dan kebenaran-Nya, dan menjanjikan kepada kita bahwa segala sesuatu yang kita minta akan diberikan kepada kita.

3) Mintalah untuk menjadi pekerja-Nya dan melaksanakan tugas yang diberikan Allah

Jika Anda minta untuk mewujudkan kerajaan Allah dan kebenaran-Nya, maka Anda harus berdoa untuk menjadi pekerja-Nya. Jika Anda sudah menjadi pekerja-Nya, Anda harus sungguh-sungguh berdoa untuk menjadi pekerja-Nya. Allah memberi upah kepada mereka yang sungguh-sungguh mencari-Nya (Ibrani 11:6) dan akan membalaskan upah-Nya bagi semua orang menurut perbuatan-Nya (Wahyu 22:12)

Dalam Wahyu 2:10, Yesus berkata kepada kita, *"Hendaklah*

engkau setia sampai mati, dan Aku akan mengaruniakan kepadamu mahkota kehidupan." Bahkan dalam hidup ini, apabila seseorang belajar dengan rajin ia bisa menerima beasiswa dan masuk ke perguruan tinggi yang baik. Apabila seseorang bekerja keras dalam pekerjaan-Nya, ia bisa dipromosikan dan menerima perlakuan yang lebih baik dan gaji yang lebih tinggi.

Begitu pula, apabila anak-anak Allah setia kepada tugas-tugas yang diberikan Allah, mereka akan diberikan tugas yang lebih besar dan upah yang lebih besar. Upah dari dunia ini tidak ada bandingannya dengan upah di dalam kerajaan surga baik dari segi ukuran maupun kemuliaan. Karena itu, sesuai dengan posisi kita masing-masing setiap kita harus semakin bertekun dalam iman dan berdoa agar menjadi pekerja Allah yang berharga.

Jika seseorang belum punya sebuah tugas dari Allah, ia harus berdoa agar menjadi seorang pekerja untuk kerajaan Allah. Jika seseorang telah diberikan sebuah tugas, ia harus berdoa agar melakukannya dengan baik dan menantikan tugas yang lebih besar. Orang awam harus berdoa agar menjadi seorang diaken sementara seorang diaken harus berdoa untuk menjadi seorang penatua. Seorang pemimpin sel harus berdoa untuk menjadi pemimpin sub-area, pemimpin sub-area itu berdoa untuk menjadi pemimpin area, dan pemimpin area berdoa untuk naik ke posisi yang lebih tinggi.

Ini tidak berarti mengatakan bahwa seseorang harus meminta gelar penatua atau diaken. Ini mengacu pada kerinduan untuk setia terhadap tugas-tugasnya, mengusahakan yang terbaik bagi tugas-tugas itu, dan melayani dan dipakai dalam kapasitas yang lebih besar oleh Allah.

Hal terpenting bagi orang yang memiliki tugas-tugas dari Allah adalah bentuk kesetiaan tatkala ia mampu melakukan tugas-tugas yang jauh lebih besar dari tugas-tugasnya sekarang. Akan hal ini, ia mesti berdoa agar Allah memujinya, "Baik sekali, hambaku yang baik dan setia!"

1 Korintus 4:2 mengatakan, *"Yang akhirnya dituntut dari pelayan-pelayan yang demikian ialah, bahwa mereka ternyata dapat dipercayai."* Karena itu, setiap kita harus berdoa untuk menjadi pekerja Allah yang dapat dipercaya di gereja kita, di dalam tubuh Kristus, dan dalam posisi kita yang lain.

4) Mintalah makanan kita sehari-hari

Untuk menebus manusia dari kemiskinan, Yesus lahir dalam keadaan miskin. Untuk menyembuhkan segala penyakit dan kelemahan, Yesus disiksa dan mencurahkan darah-Nya. Jadi, wajar bila anak-anak Allah menikmati hidup yang sehat dan berkelimpahan, dan segala perkara dalam hidupnya baik.

Jika kita mencari dahulu kerajaan Allah dan kebenaran-Nya, Ia berkata kepada kita bahwa semuanya akan diberikan kepada kita (Matius 6:33). Dengan kata lain, setelah mencari kerajaan Allah dan kebenaran-Nya, kita berdoa untuk hal-hal yang kita perlukan untuk hidup di dunia ini, seperti makanan, pakaian, tempat tinggal, berkat-berkat dalam pekerjaan kita, kesejahteraan keluarga kita, dan lain sebagainya. Maka Allah akan memenuhi kita sebagaimana yang telah Ia janjikan. Ingatlah bahwa jika kita meminta hal-hal untuk hawa nafsu kita dan bukan untuk kemuliaan-Nya, Allah tidak akan menjawab doa kita. Doa yang penuh nafsu dosa tidak ada hubungannya dengan Allah.

3. Carilah Maka Kamu akan Mendapat

Jika Anda "mencari," itu artinya Anda telah kehilangan sesuatu. Allah ingin manusia memiliki "sesuatu" yang telah mereka hilangkan. Sebab Ia memerintahkan kita untuk mencari, pertama-tama kita harus mencari tahu apa yang telah kita hilangkan sehingga kita bisa mencari "sesuatu" yang telah kita hilangkan itu. Kita juga harus mencari tahu bagaimana kita akan menemukannya.

Lalu, apa yang telah kita hilangkan dan bagaimana kita "mencarinya"?

Manusia pertama yang diciptakan Allah merupakan makhluk hidup yang terdiri dari roh, jiwa, dan tubuh. Sebagai makhluk hidup kita bisa berkomunikasi dengan Allah yang adalah Roh, manusia pertama menikmati semua berkat-berkat

yang Allah berikan padanya dan hidup sesuai Firman-Nya.
Tetapi, setelah digoda oleh Setan, manusia pertama itu tidak menaati perintah Allah. Dalam Kejadian 2:16-17 kita temukan, *"TUHAN Allah memberi perintah ini kepada manusia: "Semua pohon dalam taman ini boleh kaumakan buahnya dengan bebas; tetapi pohon pengetahuan tentang yang baik dan yang jahat itu, janganlah kaumakan buahnya, sebab pada hari engkau memakannya, pastilah engkau mati."*

Meskipun tugas manusia adalah untuk takut akan Allah dan berpegang pada perintah-perintah-Nya (Pengkotbah 12:13), manusia pertama yang diciptakan tidak berpegang pada perintah Allah. Pada akhirnya, saat Allah menegurnya, setelah ia makan dari pohon pengetahuan akan yang baik dan jahat, roh di dalamnya mati dan ia menjadi manusia jiwani, tidak lagi bisa berkomunikasi dengan Allah. Sebagai tambahan, roh semua keturunannya mati dan mereka menjadi manusia daging, tidak lagi bisa memelihara tugasnya. Adam diusir dari Taman Eden ke tanah yang dikutuk. Ia dan semua yang lahir setelah dia kini harus hidup di tengah-tengah kepedihan, penderitaan, dan penyakit, dan hanya melalui keringat dahinya mereka bisa makan. Lebih jauh lagi, mereka tidak bisa lagi hidup dengan cara yang sesuai dengan tujuan penciptaan Allah melainkan seiring mereka mengejar hal-hal yang fana sesuai pemikiran mereka, mereka menjadi jahat.

Agar individu yang rohnya telah mati dan hanya memiliki

jiwa dan tubuh bisa hidup kembali dalam cara yang sesuai dengan tujuan penciptaan Allah, ia perlu memulihkan kembali rohnya yang telah hilang. Hanya apabila roh yang mati dalam seseorang dihidupkan kembali, ia menjadi manusia roh, dan berkomunikasi dengan Allah yang adalah Roh, dan ia akan mampu hidup seperti manusia sejati. Inilah sebabnya Allah memerintahkan kita untuk mencari roh kita yang hilang.

Allah membuka bagi semua orang sebuah jalan untuk menghidupkan kembali roh mereka yang mati dan jalan itu adalah Yesus Kristus. Apabila kita percaya kepada Yesus Kristus, sebagaimana janji Allah kepada kita, kita akan menerima Roh Kudus dan Roh Kudus akan datang dan tinggal dalam diri kita, dan menghidupkan kembali roh kita yang mati. Apabila kita mencari wajah Allah dan menerima Yesus Kristus setelah mendengar-Nya mengetuk pintu hati kita, Roh Kudus akan datang dan melahirkan roh (Yohanes 3:6) Saat kita hidup taat kepada Roh Kudus, mematikan perbuatan-perbuatan daging, tekun mendengarkan, menerima, menjadikan makanan, dan berdoa atas Firman Allah, dengan pertolongan-Nya kita akan mampu hidup sesuai Firman-Nya. Inilah proses dimana roh yang mati dihidupkan kembali dan orang menjadi manusia roh dan memulihkan gambar Allah yang hilang.

Apabila kita ingin memakan kuning telur yang bergizi tinggi, pertama-tama kita harus memecahkan cangkang telur dan membuang putih telur. Dengan cara yang sama, agar seorang individu menjadi manusia roh, perbuatan dagingnya harus dibuang dan ia harus melahirkan roh oleh Roh Kudus. Inilah "mencari" yang dibicarakan Allah.

Seandainya semua sistem kelistrikan di dunia ini mati. Tak seorang pun ahli yang bekerja sendiri bisa memulihkan sistem itu. Akan memakan waktu lama bagi ahli itu untuk mengirim para tukang listrik dan membuat benda-benda yang diperlukan agar listrik bisa pulih di semua bagian dunia.

Demikianlah, untuk menghidupkan kembali roh yang mati dan sepenuhnya menjadi manusia roh, orang perlu mendengar dan mengetahui Firman Allah. Tapi, mendengarkan Firman saja tidak cukup untuk menjadikannya manusia roh, ia harus tekun menerima, menjadikan makanan, dan berdoa atas Firman sehingga ia bisa hidup dengan Firman Allah.

4. Ketuklah dan Pintu Akan Dibukakan Bagimu

"Pintu" yang dibicarakan Allah adalah pintu janji yang akan dibuka apabila kita mengetuknya. Pada pintu macam apa Allah menyuruh kita mengetuk? Pintu hati Allah kita.

Sebelum kita mengetuk pintu hati Allah kita, Ia mengetuk pintu hati kita terlebih dahulu (Wahyu 3:20). Sebagai akibatnya, kita membuka pintu hati kita dan menerima Yesus Kristus. Sekarang, giliran kita untuk mengetuk pintu hati-Nya.

Karena pintu hati Allah kita lebih luas dari langit dan lebih dalam dari lautan, saat kita mengetuk pintu hati-Nya yang tiada terukur, kita bisa menerima apa pun.

Saat kita berdoa dan mengetuk pintu hati Allah, Ia akan membuka gerbang surga dan mencurahkan harta atas kita. Apabila Allah, yang membuka dan tak ada yang dapat menutup, dan yang menutup dan tak ada yang bisa membuka, membuka gerbang-gerbang surga dan berjanji untuk memberkati kita, tak seorang pun bisa menghalangi-Nya dan hujan berkat (Wahyu 3:7).

Kita bisa menerima jawaban Allah apabila kita mengetuk pintu hati-Nya. tapi, tergantung seberapa banyak orang mengetuk pintu itu, ia bisa menerima berkat besar atau pun kecil. Jika ia berharap menerima berkat besar, gerbang-gerbang surga harus terbuka lebar. Jadi, ia perlu mengetuk hati Allah lebih sering dan rajin dan menyukakan Allah.

Sebab Allah berkenan dan senang apabila kita membuang yang jahat dan hidup menurut perintah-perintah-Nya dalam kebenaran, jika kita hidup sesuai Firman Allah, kita bisa menerima apa pun yang kita minta. Dengan kata lain, "mengetuk pintu hati Allah" mengacu pada hidup menurut perintah-perintah Allah.

Apabila kita dengan tekun mengetuk pintu hati-Nya, Allah tidak akan pernah menegur kita dan berkata, "Mengapa kamu mengetuk begitu keras?" Tepat sebaliknya. Allah akan semakin senang dan rindu untuk memberikan apa yang kita minta.

Karena itu, saya berharap Anda akan mengetuk pintu hati Allah dengan perbuatan Anda, menerima semua yang Anda minta, dan dengan demikian memberikan kemuliaan yang besar bagi Allah.

Apakah Anda pernah menangkap burung dengan ketapel? Saya ingat pernah mendengar dari teman ayah saya, yang memuji keterampilan saya membuat ketapel. Ketapel adalah alat yang dibuat dengan cara memotong dengan teliti sebuah kayu dan menembakkan sebuah batu dari karet gelang yang dililit di sekeliling sebuah kayu yang berbentuk Y.

Jika saya membandingkan Matius 7:7-11 dengan ketapel itu, "meminta" mengacu pada menemukan sebuah ketapel dan sebuah batu untuk menangkap seekor burung. Kemudian Anda perlu memperlengkapi diri Anda dengan kemampuan Anda untuk membidik burung itu dengan baik. Apa gunanya sebuah ketapel dan sebuah batu jika Anda tidak tahu bagaimana membidik? Anda akan ingin membuat sebuah target, mengakrabkan diri Anda dengan fitur ketapel, berlatih membidik target, dan menentukan dan memahami cara terbaik untuk menangkap burung itu. Proses ini sama dengan "mencari." Dengan membaca, memasukkan, dan menjadikan Firman Allah sebagai makanan, sebagai seorang anak Allah Anda kini memperlengkapi diri Anda dengan persyaratan-persyaratan untuk menerima jawaban-Nya.

Jika Anda telah memperlengkapi diri Anda dengan

kemampuan mengoperasikan ketapel dan membidik dengan baik menggunakannya, sekarang Anda harus membidik dan ini bisa dibandingkan dengan "mengetuk." Sekalipun sebuah ketapel dan sebuah batu sudah disiapkan, dan bahkan jika Anda memperlengkapi diri Anda dengan keterampilan membidik, jika Anda tidak membidik maka Anda tidak bisa menangkap burung itu. Dengan kata lain, hanya bila kita hidup menurut Firman Allah yang kita jadikan makanan di hati kita, kita akan menerima apa yang kita minta dari-Nya.

Meminta, mencari, dan mengetuk bukanlah proses terpisah melainkan prosedur yang saling berkaitan. Sekarang Anda tahu untuk apa meminta, mencari, dan mengetuk. Semoga Anda memuliakan Allah sebagai anak-Nya yang diberkati saat Anda menerima jawaban-jawaban atas kerinduan hati Anda dengan cara tekun meminta, mencari, dan mengetuk, di dalam nama Tuhan saya berdoa!

Bab 2

Percayalah Bahwa Kamu Telah Menerimanya

Markus 11:23-24

Aku berkata kepadamu:
Sesungguhnya barangsiapa berkata kepada gunung ini:
Beranjaklah dan tercampaklah ke dalam laut! asal tidak
bimbang hatinya, tetapi percaya, bahwa apa yang
dikatakannya itu akan terjadi,
maka hal itu akan terjadi baginya.
"Karena itu aku berkata kepadamu, apa saja yang kamu
minta dam doakan, percayalah bahwa kamu telah
menerimanya, maka hal itu akan [diberikan] kepadamu."

1. Kuasa Iman yang Besar

Suatu hari, murid-murid Yesus yang menemani-Nya mendengar bahwa Guru mereka berkata kepada sebuah pohon ara yang tidak berbuah, *"Engkau tidak akan berbuah lagi selama-lamanya!"* (Matius 21:19) Saat mereka melihat bahwa pohon itu mengering hingga ke akar-akarnya, murid-murid-Nya tercengang dan bertanya kepada Yesus. Yesus menjawab mereka: *"Aku berkata kepadamu, sesungguhnya jika kamu percaya dan tidak bimbang, kamu bukan saja akan dapat berbuat apa yang Kuperbuat dengan pohon ara itu, tetapi juga jikalau kamu berkata kepada gunung ini: Beranjaklah dan tercampaklah ke dalam laut! hal itu akan terjadi"* (Matius 21:21).

Yesus juga berjanji kepada kita, *"Aku berkata kepadamu: sesungguhnya barangsiapa percaya kepada-Ku, ia akan melakukan juga pekerjaan-pekerjaan yang Aku lakukan, bahkan pekerjaan-pekerjaan yang lebih besar dari pada itu; sebab Aku pergi kepada Bapa. Dan apa juga yang kamu minta dalam nama-Ku, Aku akan melakukannya, supaya Bapa dipermuliakan di dalam Anak. Jika kamu meminta sesuatu kepada-Ku dalam nama-Ku, Aku akan melakukannya"* (Yohanes 14:12-14), dan *"Jikalau kamu tinggal di dalam Aku dan firman-Ku tinggal di dalam kamu, mintalah apa saja yang kamu kehendaki, dan kamu akan menerimanya. Dalam hal inilah Bapa-Ku dipermuliakan, yaitu jika kamu berbuah banyak dan dengan demikian kamu adalah murid-murid-Ku"* (Yohanes 15:7-8).

Singkat kata, karena Allah sang pencipta adalah Bapa dari orang-orang yang telah menerima Yesus Kristus, mereka bisa mendapatkan jawaban kerinduan hari mereka saat mereka percaya dan menaati Firman Allah. Dalam Matius 17:20 Yesus berkata kepada kita, *"Karena kamu kurang percaya. Sebab Aku berkata kepadamu: Sesungguhnya sekiranya kamu mempunyai iman sebesar biji sesawi saja kamu dapat berkata kepada gunung ini: Pindah dari tempat ini ke sana, – maka gunung ini akan pindah, dan takkan ada yang mustahil bagimu."* Mengapa, kemudian, begitu banyak orang yang gagal menerima jawaban Allah dan memuliakan-Nya walaupun tak terhitung waktunya berdoa? Marilah kita menyelidiki bagaimana kita bisa memuliakan Allah saat kita menerima segala sesuatu yang kita minta dan doakan?

2. Percayalah kepada Allah yang Mahakuasa

Bagi manusia untuk bertahan hidup dari sejak kelahirannya, ia akan membutuhkan hal-hal yang perlu seperti makanan, pakaian, tempat tinggal dan lain sebagainya. Tapi, elemen paling penting untuk bertahan hidup adalah bernafas; bernafas memungkinkan eksistensi kehidupan dan membuat hidup berarti. Sementara anak-anak Allah yang telah menerima Yesus Kristus dan telah dilahirkan kembali membutuhkan banyak hal dalam kehidupan, hal paling penting diantara segala hal dalam kehidupan mereka adalah doa.

Doa adalah saluran dialog dengan Allah yang adalah Roh dan yang juga merupakan nafas bagi roh kita. Lebih lagi, karena doa juga merupakan sebuah cara bertanya kepada Allah dan menerima jawaban-jawaban-Nya, aspek paling penting dalam doa adalah hati yang percaya kepada Allah yang mahakuasa. Tergantung pada derajat kepercayaan seseorang kepada Allah saat ia berdoa, ia akan merasakan kepastian jawaban Allah dan akan menerima jawaban-jawaban sesuai dengan imannya.

Sekarang, siapakah Allah yang kita imani ini?

Dalam menggambarkan diri-Nya dalam Wahyu 1:8, Allah berkata *"Aku adalah Alfa dan Omega, firman Tuhan Allah, yang ada dan yang sudah ada dan yang akan datang, Yang Mahakuasa."* Allah yang ditampilkan dalam Perjanjian Lama adalah Pencipta segala sesuatu di dalam alam semesta (Kejadian 1:1-31) dan membelah Laut Mati dan kemudian mengizinkan bangsa Israel yang meninggalkan Mesir menyeberanginya (Keluaran 14:21-29). Ketika bangsa Israel menaati perintah Allah dan berjalan mengelilingi kota Yerikho selama tujuh hari dan berseru dengan kuat, tembok Yerikho yang tampaknya tak bisa dihancurkan runtuh (Yosua 6:1-21). Ketika Yosua berdoa kepada Allah di tengah-tengah pertempuran melawan bangsa Amori, Allah membuat matahari berhenti dan bulan tidak bergerak (Yosua 10:12-14).

Di dalam Perjanjian Baru, Yesus, Anak Allah yang

mahakuasa, membangkitkan orang mati dari kubur (Yohanes 11:17-44), menyembuhkan semua sakit dan penyakit (Matius 4:23-24), mencelikkan mata orang buta (Yohanes 9:6-11), dan membuat yang lumpuh berdiri dan berjalan kembali (Kisah Para Rasul 3:1-10). Ia juga mengusir kekuatan iblis dan roh jahat dengan Firman-Nya (Markus 5:1-20) dan dengan lima roti dan dua ikan, ia menyediakan makanan yang cukup untuk dimakan 5,000 orang dan kenyang (Markus 6:34-44). Lebih lagi, dengan menenangkan angin dan ombak, ia secara langsung menunjukkan kepada kita bahwa ia adalah penguasa segala hal di alam semesta (Markus 4:35-39).

Karena itu, kita harus percaya kepada Allah yang mahakuasa yang memberi kepada kita pemberian yang baik dalam kasih-Nya yang melimpah. Yesus berkata kepada kita dalam Matius 7:9-11, *"Adakah seorang dari padamu yang memberi batu kepada anaknya, jika ia meminta roti, atau memberi ular, jika ia meminta ikan? Jadi jika kamu yang jahat tahu memberi pemberian yang baik kepada anak-anakmu, apalagi Bapamu yang di surga! Ia akan memberikan yang baik kepada mereka yang meminta kepada-Nya."* Allah kasih ingin memberi kepada kita anak-anak-Nya karunia terbaik.

Dalam kasihnya yang melimpah, Allah memberikan kepada kita Anak-Nya yang tunggal. Apalagi yang tidak akan Ia berikan kepada kita? Yesaya 53:5-6 mengatakan, *"Tapi dia tertikam oleh karena pemberontakan kita, dia diremukkan oleh karena kejahatan kita, ganjaran yang mendatangkan keselamatan bagi kita ditimpakan kepadanya, dan oleh bilur-bilurnya kita menjadi sembuh. Kita semua seperti domba yang tersesat, masing-masing kita mencari jalannya sendiri; Tapi Tuhan telah menimpakan kepada-Nya kejahatan kita sekalian."* Melalui Yesus Kristus yang dipersiapkan Allah bagi kita, kita telah menerima kehidupan dari kematian, dan kita bisa menikmati damai dan disembuhkan.

Jika anak-anak Allah melayani Allah yang hidup dan mahakuasa sebagai Bapa mereka dan percaya bahwa Allah membuat segala sesuatu bekerja bersama-sama demi kebaikan orang-orang yang mengasihi-Nya dan menjawab orang-orang yang berseru kepada-Nya, mereka tidak boleh kuatir atau resah pada masa-masa pencobaan dan kesusahan, tapi sebaliknya bersyukur, bersukacita, dan berdoa.

Inilah "percaya kepada Allah" dan Ia senang melihat pertunjukan iman seseorang yang seperti itu. Allah. juga menjawab kita sesuai dengan iman kita dan menunjukkan kepada kita bukti keberadaan-Nya, Allah mengizinkan kita memuliakan-Nya.

3. Mintalah dalam Iman dan Jangan Ragu

Allah sang Pencipta langit, bumi, dan manusia mengizinkan manusia mencatat Alkitab agar kehendak dan pemeliharaan-

Nya diketahui semua orang. Sepanjang masa, Allah juga menampakkan diri-Nya kepada orang-orang yang percaya kepada-Nya dan menaati Firman-Nya, dan membuktikan kepada kita bahwa Ia hidup dan mahakuasa melalui manifestasi tanda-tanda ajaib dan mujizat.

Kita bisa percaya kepada Allah yang hidup hanya dengan melihat ciptaan (Roma 1:20) dan memberi kemuliaan kepada Allah dengan menerima jawaban atas doa-doa yang disertai oleh iman kita kepada-Nya.

Ada yang disebut "iman jasmani" dimana kita bisa percaya karena pengetahuan atau pemikiran kita sesuai dengan Firman Allah dan "iman rohani", jenis iman yang dengan mana kita menerima jawaban-jawaban-Nya. Sementara apa yang dikatakan Firman Allah kepada kita susah dipercaya jika diukur dengan pengetahuan dan pemikiran kita, apabila kita meminta kepada-Nya dengan iman, Allah memberi kita iman dan rasa keyakinan. Elemen-elemen tersebut terkristalisasi menjadi sebuah jawaban dan inilah iman rohani.

Karena itu, Yakobus 1:6-8 mengatakan, *"Hendaklah ia memintanya dalam iman, dan sama sekali jangan bimbang, sebab orang yang bimbang sama dengan gelombang laut, yang diombang-ambingkan kian kemari oleh angin. Sebab orang yang mendua hati tidak akan tenang dalam hidupnya."*

Keraguan muncul dari pengetahuan, pikiran, argumen, dan

kepura-puraan, dan dibawa kepada kita oleh iblis. Hati yang ragu adalah hati yang berpikiran ganda dan curang, dan Allah mengujinya sampai ke kedalaman. Betapa tragisnya jika anak-anak Anda tidak percaya tapi malah ragu apakah Anda ayah atau ibu biologisnya? Begitu pula, bagaimana bisa Allah menjawab doa anak-anak-Nya jika mereka tidak bisa percaya kepada-Nya sebagai Bapa mereka, sekalipun Ia mengandung dan merawat mereka?

Karena itu kita diingatkan bahwa *"Sebab keinginan daging adalah perseteruan terhadap Allah, karena ia tidak takluk kepada hukum Allah; hal ini memang tidak mungkin baginya. Mereka yang hidup dalam daging, tidak mungkin berkenan kepada Allah"* (Roma 8:7-8). *"Kami mematahkan setiap siasat orang dan merubuhkan setiap kubu yang dibangun oleh keangkuhan manusia untuk menentang pengenalan akan Allah. Kami menawan segala pikiran dan menaklukkannya kepada Kristus"* (2 Korintus 10:5).

Apabila iman kita diubah menjadi iman rohani dan kita tidak ragu sedikit pun, Allah akan sepenuhnya berkenan dan akan memberikan kepada kita apa pun yang kita minta. Ketika Musa maupun Yosua tidak ragu namun bertindak penuh iman, mereka bisa membelah Laut Merah, menyeberangi sungai Yordan, dan menghancurkan tembok Yerikho. Demikian pula, ketika Anda berkata kepada sebuah gunung, "Pindahlah ke laut" dan tidak ragu di dalam hati Anda melainkan percaya bahwa apa yang Anda katakan akan terjadi, maka itu akan terjadi.

Seandainya Anda berkata kepada Gunung Everest, "Lemparkanlah dirimu ke Lautan Hindia." Apakah Anda akan menerima jawaban doa Anda? Sudah pasti bahwa kekacauan global akan terjadi jika Gunung Everest benar-benar terlempar ke Lautan Hindia. Sebab hal itu pasti bukan kehendak Allah, doa seperti itu tidak akan dijawab tak peduli sebanyak apa pun Anda berdoa karena Ia tidak akan memberikan kepada Anda iman rohani untuk bisa percaya kepada-Nya.

Jika Anda berdoa untuk mewujudkan sesuatu yang bertentangan dengan kehendak Allah, jenis iman untuk bisa percaya di dalam hati Anda tidak akan datang kepada Anda. Pertama-tama mungkin Anda percaya bahwa doa Anda akan terkabul namun seiring waktu, keraguan akan tumbuh. Hanya bila kita berdoa dan meminta sesuai dengan kehendak Allah tanpa ragu sedikit pun kita akan menerima jawaban. Karena itu, jika doa Anda belum terjawab, Anda harus menyadari bahwa itu karena Anda meminta sesuatu yang bertentangan dengan kehendak Allah atau Anda bersalah karena meragukan atau pun ragu akan Firman-Nya.

1 Yohanes 3:21-22 mengingatkan kita, *"Saudara-saudaraku yang kekasih, jikalau hati kita tidak menuduh kita, maka kita mempunyai keberanian percaya untuk mendekati Allah."*

Orang yang menaati perintah Allah dan melakukan apa yang berkenan kepada-Nya tidak akan meminta hal-hal yang bertentangan dengan kehendak Allah. Kita bisa menerima apa pun yang kita minta sepanjang doa ita sesuai dengan kehendak-Nya. Allah berkata kepada kita, *"Apa saja yang kamu minta dan doakan, percayalah kamu telah menerimanya, maka hal itu akan diberikan kepadamu"* (Markus 11:24).

Karena itu, untuk menerima jawaban Allah, pertama-tama Anda harus menerima iman rohani yang Ia berikan apabila Anda bertindak dan hidup dengan Firman-Nya. Saat Anda menghancurkan semua alasan dan pertimbangan yang timbul bertentangan dengan pengetahuan akan Allah, keraguan akan menghilang dan Anda akan memiliki iman rohani, dan dengan demikian menerima apa pun yang Anda minta.

4. Segala sesuatu yang kau minta dan doakan, percayalah bahwa engkau telah menerimanya

Bilangan 23:19 mengingatkan kita, *"Allah bukanlah manusia, sehingga Ia berdusta bukan anak manusia, sehingga Ia menyesal. Masakan Ia berfirman dan tidak melakukannya, a tau berbicara dan tidak menepatinya?"*

Jika Anda benar-benar percaya kepada Allah, mintalah dengan iman, dan jangan ragu sedikit pun, Anda harus percaya bahwa Anda telah menerima apa pun yang Anda minta dan doakan. Allah itu mahakuasa dan setia, dan Ia berjanji untuk menjawab kita.

Mengapa, kemudian, begitu banyak orang yang berkata mereka gagal menerima jawaban-jawaban-Nya walaupun mereka berdoa dengan iman? Apakah ini karena Allah tidak menjawab mereka? Tidak. Allah sudah pasti menjawab doa mereka namun membutuhkan waktu karena mereka belum mempersiapkan diri mereka sebagai wadah yang layak untuk menerima jawaban-jawaban-Nya.

Ketika seorang petani menabur benih, ia percaya bahwa ia menuai hasilnya namun tidak bisa segera memanen hasilnya. Setelah benih ditanam, mereka bertunas, berbunga, dan berbuah. Beberapa benih membutuhkan waktu yang lebih lama untuk berbuah dibandingkan benih lainnya. Demikianlah, proses menerima jawaban Allah membutuhkan prosedur menanam dan merawat semacam itu.

Seandainya beberapa pelajar berdoa, "Biarkan aku masuk dan belajar di Universitas Harvard." Jika ia berdoa dengan beriman akan kekuasaan-Nya, Allah pasti akan menjawab doa pelajar itu. Namun demikian, jawaban doanya mungkin tidak segera datang padanya. Allah mempersiapkan pelajar itu untuk bertumbuh menjadi wadah yang pantas bagi jawaban-Nya dan di kemudian hari ia akan menjawab doa itu. Allah akan memberikan kepadanya hati untuk belajar gigih dan rajin sehingga ia unggul di sekolah. Saat pelajar itu terus berdoa, Allah akan menyingkirkan dari akal budinya pikiran-pikiran duniawi dan memberikan kepadanya hikmat dan meneranginya untuk belajar dengan lebih efektif. Sesuai dengan perbuatan pelajar itu, Allah akan menangani segala perkara dalam hidupnya agar berjalan baik dan memperlengkapi pelajar itu dengan kualifikasi untuk memasuki Harvard dan bila tiba waktunya, Allah akan mengizinkan ia masuk Harvard.

Hal yang sama berlaku bagi orang-orang yang diserang penyakit. Seiring mereka belajar melalui Firman Allah mengapa penyakit-penyakit timbul dan bagaimana mereka bisa disembuhkan, apabila mereka berdoa dengan iman mereka dapat menerima kesembuhan. Mereka harus menemukan dinding dosa yang berdiri di antara mereka dan Allah dan mengenali akar penyakit mereka. Jika penyakit itu muncul karena kebencian, mereka harus membuang kebencian dan mengubah hati mereka menjadi hati yang penuh kasih. Jika penyakit itu timbul akibat makan berlebihan, mereka harus menerima dari Allah kekuatan untuk mengendalikan diri dan memperbaiki kebiasaan mereka yang berbahaya. Hanya melalui proses-proses semacam itu Allah memberi manusia iman untuk percaya dan mempersiapkan mereka menjadi wadah yang layak untuk menerima jawaban-jawaban-Nya.

Berdoa untuk keberhasilan bisnis juga tidak berbeda dari kasus-kasus di atas. Jika Anda berdoa untuk menerima berkat melalui bisnis Anda, pertama-tama Allah akan menguji Anda agar menjadi wadah yang layak menerima berkat-berkat-Nya. Ia akan memberikan kepada Anda hikmat dan kekuatan agar kemampuan Anda menjalankan bisnis menjadi unggul, sehingga bisnis Anda bertumbuh semakin besar, dan hingga Anda akan dipimpin menuju keadaan yang luar biasa untuk menjalankan bisnis itu. Ia akan memimpin Anda kepada orang-orang yang dapat dipercaya, berangsur-angsur meningkatkan penghasilan Anda, dan memperkuat bisnis Anda. Saat waktu kehendak-Nya tiba, ia akan menjawab Anda saat Anda berdoa.

Melalui proses menabur dan memelihara ini, Allah akan memimpin jiwa Anda untuk sejahtera dan menguji Anda untuk menjadikan Anda wadah yang layak menerima apa pun yang Anda minta dari-Nya. Karena itu, janganlah Anda menjadi tidak sabar berdasarkan pikiran Anda sendiri. Sebaliknya, Anda harus menyesuaikan diri Anda dengan kerangka waktu Allah dan menantikan waktu-Nya, dengan percaya bahwa Anda telah menerima jawaban-Nya.

Allah Yang Mahakuasa, sesuai dengan hukum alam rohani, menjawab anak-anak-Nya menurut keadilan-Nya dan Ia berkenan apabila mereka meminta dengan iman. Ibrani 11:6 mengatakan, *"Tetapi tanpa iman tidak mungkin orang berkenan kepada Allah, sebab barangsiapa berpaling kepada Allah, ia harus percaya bahwa Allah ada, dan bahwa Allah memberi upah kepada orang yang sungguh-sungguh mencari Dia."*

Semoga Anda menyenangkan hati Allah dengan iman untuk percaya bahwa Anda telah menerima semua yang Anda minta dalam doa dan memuliakan Allah dengan menerima semua yang Anda minta, di dalam nama Tuhan saya berdoa!

Bab 3

Jenis Doa yang Berkenan
kepada Allah

Lukas 22:39-44

Lalu pergilah Yesus ke luar kota dan sebagaimana biasa Ia menuju Bukit Zaitun. Murid-murid-Nya juga mengikuti Dia. Setelah tiba di tempat itu Ia berkata kepada mereka: "Berdoalah supaya kamu jangan jatuh ke dalam pencobaan." Kemudian Ia menjauhkan diri dari mereka kira-kira sepelempar batu jaraknya, lalu Ia berlutut dan berdoa, kata-Nya: Ya Bapa-Ku, jikalau Engkau mau, ambillah cawan ini dari pada-Ku; tetapi bukanlah kehendak-Ku, melainkan kehendak-Mulah yang terjadi. Maka seorang malaikat dari langit menampakkan diri kepada-Nya untuk memberi kekuatan kepada-Nya. Ia sangat ketakutan dan makin bersungguh-sungguh berdoa. Peluh-Nya menjadi seperti titik-titik darah yang bertetesan ke tanah.

1. Yesus Memberikan Teladan Doa yang Baik

Lukas 22:39-44 menampilkan kisah dimana Yesus berdoa di taman Getsemani pada malam sebelum ia disalibkan untuk membuka jalan keselamatan bagi semua umat manusia. Ayat-ayat tersebut memberitahukan kepada kita aspek-aspek sikap dan hati yang harus kita miliki saat berdoa.

Bagaimana Yesus berdoa agar ia tidak saja memikul salib yang berat itu tapi juga mengalahkan iblis? Hati semacam apa yang Yesus miliki saat Ia berdoa agar Allah berkenan atas doa-Nya dan mengirim seorang malaikat dari surga untuk menguatkan-Nya?

Berdasarkan ayat-ayat itu, marilah kita menyelidiki sikap yang pantas dalam berdoa dan doa macam apa yang berkenan kepada Allah, dan saya mendorong Anda untuk memeriksa kehidupan doa Anda.

1) Yesus memiliki kebiasaan berdoa

Allah berkata kepada kita untuk berdoa tanpa henti (1 Tesalonika 5:17) dan berjanji kepada kita untuk memberikan apa yang kita minta kepada-Nya (Matius 7:7). Walaupun tepat untuk berdoa terus-menerus dan meminta sepanjang waktu, kebanyakan orang berdoa hanya bila mereka menginginkan sesuatu atau bila memiliki masalah.

Namun, Yesus pergi dan sebagaimana biasa menuju Bukit

Zaitun (Lukas 22:39). Nabi Daniel terus berlutut tiga kali sehari, berdoa dan mengucapkan syukur ke hadapan Allahnya, sebagaimana yang telah ia lakukan sebelumnya (Daniel 6:10), dan dua murid Yesus Petrus dan Yohanes memisahkan waktu khusus setiap hari untuk berdoa (Kisah Para Rasul 3:1).

Kita harus mengikuti teladan Yesus dan mengembangkan sebuah kebiasaan memisahkan waktu khusus untuk terbiasa berdoa setiap hari. Allah terutama berkenan dengan doa pagi manusia dimana mereka menyerahkan segala sesuatu kepada Allah pada permulaan hari dan doa malam dimana mereka mengucap syukur atas perlindungan Allah sepanjang hari pada penghujung hari. Melalui doa-doa itu Anda bisa menerima kuasa-Nya yang besar.

2) Yesus berlutut untuk berdoa

Saat Anda berlutut, hati Anda yang berdoa lurus dan Anda menunjukkan penghormatan kepada lawan bicara Anda. Wajar jika setiap orang yang berdoa kepada Allah berlutut saat berdoa.

Yesus Anak Allah berdoa dengan sikap yang rendah hati saat ia berlutut untuk berdoa kepada Allah yang mahakuasa. Raja Salomo (1 Raja-Raja 8:54), rasul Paulus (Kisah Para Rasul 20:36), dan Diaken Stefanus yang mati sebagai martir (Kisah Para Rasul 7:60) semuanya berlutut saat mereka berdoa.

Apabila kita meminta pertolongan atau meminta hal-hal yang kita inginkan kepada orangtua kita atau orang dengan otoritas yang lebih tinggi, kita menjadi gugup dan mengambil tindakan pendahuluan untuk mencegah kita melakukan kesalahan. Bagaimana, kemudian, apakah kita harus datang dengan pikiran dan tubuh yang kotor jika kita tahu bahwa kita sedang berbicara dengan Allah sang Pencipta? Berlutut adalah sebuah ekspresi hati yang menghormati Allah dan percaya akan kuasa-Nya. Kita harus merapikan diri kita dan dengan rendah hati berlutut saat kita berdoa.

3) Doa Yesus sesuai dengan kehendak Allah

Yesus berdoa kepada Allah, *"Tetapi bukanlah kehendak-Ku, melainkan kehendak-Mulah yang terjadi"* (Lukas 22:42). Yesus Anak Allah datang ke dunia untuk mati di kayu salib sekalipun Ia tak bercacat dan tak bernoda. Itulah sebabnya Ia berdoa, *"Ya Bapa-Ku, jikalau Engkau mau, ambillah cawan ini dari pada-Ku"* (Lukas 22:42). Tapi Ia tahu bahwa kehendak Allah adalah menyelamatkan semua umat manusia melalui satu orang, dan Ia berdoa bukan untuk kebaikannya sendiri tapi hanya seturut dengan kehendak Allah.

1 Korintus 10:31 mengatakan *"Jika engkau makan atau jika engkau minim, atau engkau melakukan sesuatu yang lain, lakukanlah semuanya itu untuk kemuliaan Allah."* Jika kita meminta sesuatu yang bukan untuk kemuliaan Allah melainkan demi hawa nafsu kita, kita sedang mengajukan permintaan yang tidak pantas, kita harus berdoa sesuai dengan kehendak Allah.

Lebih lanjut, Allah meminta kita untuk mengingat apa yang kita temukan dalam Yakobus 4:2-3, *"Kamu mengingini sesuatu, tetapi kamu tidak memperolehnya, lalu kamu membunuh. Kamu iri hati, tetapi kamu tidak mencapai tujuanmu, lalu kamu bertengkar dan kamu berkelahi. Kamu tidak memperoleh apa-apa, karena kamu tidak berdoa. Atau kamu berdoa juga, tetapi kamu tidak menerima apa-apa, karena kamu salah berdoa, sebab yang kamu minta itu hendak kamu habiskan untuk memuaskan hawa nafsumu."* Jadi, kita perlu untuk memandang ke belakang dan melihat apakah kita berdoa untuk kebaikan kita sendiri.

4) Yesus bergumul dalam doa

Dalam Lukas 22:44, kita bisa temukan betapa tulus Yesus berdoa. *"Ia sangat ketakutan dan makin bersungguh-sungguh berdoa. Peluh-Nya menjadi seperti titik-titik darah yang bertetesan ke tanah."*

Iklim di Getsemani tempat Yesus berdoa akan semakin dingin di malam hari sehingga pasti sulit sekali untuk berkeringat. Sekarang, bayangkan sebesar apa Yesus menahan ketegangan dalam doa yang tulus dan sungguh-sungguh sehingga keringat-Nya menjadi seperti titik-titik darah yang bertetesan ke tanah? Jika Yesus berdoa dalam keheningan, mungkinkah Ia berdoa sedemikian sungguh-sungguh hingga berkeringat saat berdoa? Saat Yesus berseru kepada Allah dengan gairah dan bersungguh-sungguh, keringat-Nya menjadi "seperti titik-titik darah yang bertetesan ke tanah."

Dalam kejadian 3:17 Allah berkata pada Adam, *"Lalu firman-Nya kepada manusia itu: "Karena engkau mendengarkan perkataan istrimu dan memakan dari buah pohon, yang telah Kuperintahkan kepadamu: Jangan makan dari padanya, maka terkutuklah tanah karena engkau; dengan bersusah payah engkau akan mencari rezekimu dari tanah seumur hidupmu."* Sebelum manusia dikutuk, manusia hidup dalam kelimpahan dengan semua yang disediakan Allah bagi-Nya. Ketika dosa masuk kepadanya melalui ketidaktaatannya kepada Allah, komunikasi dengan Pencipta-Nya berakhir, dan hanya dengan berjerih payah ia dapat makan.

Jika apa yang mungkin bagi kita hanya bisa dicapai dengan jerih payah, apa yang harus kita lakukan bila kita meminta sesuatu yang tidak bisa kita lakukan? Tolong ingatlah bahwa hanya dengan berseru kepada Allah dalam doa, jerih payah dan berkeringat kita bisa menerima apa yang kita inginkan dari Allah. Lebih lagi, ingatlah bagaimana Allah mengatakan bahwa jerih payah dan berusaha penting untuk berbuah dan bagaimana Yesus sungguh-sungguh dan bergumul dalam doa. Ingatlah ini, lakukan tepat seperti yang Yesus lakukan, dan berdoalah dengan cara yang berkenan kepada Allah.

Sejauh ini kita telah memeriksa bagaimana Yesus, yang memberikan contoh doa yang tepat, berdoa, Jika Yesus, yang memiliki semua kuasa, berdoa hingga memberikan sebuah contoh, dengan sikap seperti apa kita, makhluk ciptaan Allah, berdoa? Penampilan dan sikap luar seseorang saat berdoa mencerminkan hatinya. Karena itu, hati doa kita sama pentingnya dengan sikap doa kita.

2. Hakikat Jenis Doa yang Berkenan kepada Allah

Dengan hati macam apa kita harus berdoa agar doa kita berkenan kepada Allah dan Ia akan menjawab doa kita?

1) Anda harus berdoa dengan sepenuh hati Anda

Kita telah belajar dari cara Yesus berdoa bahwa doa dari hati seseorang berasal dari sikap dia berdoa kepada Allah, Kita bisa tahu dari sikap seseorang, dengan hati macam apa ia berdoa.

Lihatlah doa Yakub di Kejadian 32. Dengan sungai Yabok di depannya, Yakub menemukan dirinya dalam kesulitan. Yakub tidak bisa kembali karena ia telah membuat kesepakatan dengan pamannya Laban bahwa ia tidak akan melewati garis perbatasan yang disebut Gilead. Ia tidak bisa menyeberangi sungai Yabok dimana, di sisi lain, saudaranya Esau menunggu dengan 400 orang untuk menangkap Yakub. Itu merupakan waktu yang menyedihkan ketika harga diri dan ego Yakub yang selama ini ia andalkan benar-benar hancur. Yakub akhirnya menyadari bahwa hanya apabila ia menyerahkan semuanya kepada Allah dan menggerakkan hatinya maka masalahnya akan teratasi. Saat Yakub bergumul dalam doa hingga sendi pangkal pahanya patah, ia akhirnya menerima jawaban Allah. Yakub mampu menggerakkan hati Allah dan berdamai dengan saudaranya yang telah menunggu untuk berurusan dengan dia.

Lihat baik-baik 1 Raja-Raja 18 dimana Nabi Elisa menerima "jawaban berapi" Allah dan memberikan kemuliaan besar bagi Allah. Ketika penyembahan berhala berkembang semasa pemerintahan Raja Ahab, Elia sendirian bertarung dengan 450 nabi-nabi Baal dan mengalahkan mereka dengan mendatangkan jawaban Allah di hadapan bangsa Israel dan memberi kesaksian bagi Allah yang hidup.

Itulah masa ketika Ahab berpendapat nabi Elia bersalah atas kekeringan selama tiga setengah tahun yang menimpa Israel dan ia mencari-cari Elia. Namun demikian, ketika Allah memerintahkan Elia agar pergi menghadap Ahab, nabi Elia segera taat. Saat Elia pergi menghadap raja yang telah mencarinya untuk membunuhnya, dan dengan berani menyampaikan apa yang Allah katakan melalui dia, dan membalikkan segalanya dengan doa iman yang tanpa sedikit pun keraguan, pekerjaan pertobatan dinyatakan bagi orang orang-orang yang telah menyembah berhala saat mereka kembali kepada Allah. Lebih lagi, Elia tersungkur ke tanah dan menaruh wajahnya di antara lututnya saat ia berdoa sungguh-sungguh agar ia menyatakan pekerjaan Allah di bumi dan mengakhiri kekeringan yang telah menyiksa tanah Israel selama tiga setengah tahun (1 Raja-Raja 18:42).

Allah kita mengingatkan kita dalam Yehezkiel 36:36-37, *"Aku, TUHAN, yang mengatakannya dan akan membuatnya." Beginilah firman Tuhan ALLAH: Dalam hal ini juga Aku menginginkan, supaya kaum Israel meminta dari pada-Ku apa yang hendak Kulakukan bagi mereka."* Dengan kata lain, walaupun Allah telah menjanjikan kepada Elia hujan lebat atas Israel, hujan lebat tidak akan turun tanpa kesungguhan doa dari hatinya. Doa dari hati kita bisa benar-benar menggerakkan dan mempengaruhi Allah, yang akan segera menjawab kita dan mengizinkan kita memuliakan-Nya.

2) Anda harus berseru kepada Allah dalam doa

Allah berjanji kepada kita bahwa Ia akan mendengar dan menjumpai kita apabila kita menyerukan nama-Nya dan datang dan berdoa kepada-Nya dan mencari-Nya dengan sepenuh hati kita (Yeremia 29:12-13; Amsal 8:17) Dalam Yeremia 33:3 Ia juga berjanji kepada kita, *"Berserulah kepada-Ku, maka aku akan menjawab engkau dan memberitahukan hal-hal besar dan yang tidak terpahami."* Alasan mengapa Allah menyuruh kita untuk berseru kepada-Nya adalah karena apabila kita berseru kepada-Nya dengan suara yang keras, kita akan mampu berdoa dengan sepenuh hati. Dengan kata lain, apabila kita berseru dalam doa, kita akan dipisahkan dari pikiran-pikiran duniawi, keletihan, dan kelesuan dan pemikiran-pemikiran kita sendiri tidak akan menemukan tempat di pikiran kita.

Tapi, banyak gereja kini percaya dan mengajar kepada jemaatnya bahwa keadaan hening di dalam gereja adalah "ilahi" dan "kudus." Apabila sebagian saudara berseru kepada Allah dengan suara yang keras, seluruh jemaat segera berpikir bahwa mereka tidak sopan dan bahkan menuduh orang-orang itu sebagai bida'ah. Ini, bagaimana pun juga, terjadi karena tidak mengetahui Firman Allah dan kehendak-Nya.

Gereja mula-mula, yang menyaksikan manifestasi luar biasa kuasa Allah dan kebangunan rohani, bisa berkenan kepada Allah dalam kepenuhan Roh Kudus saat mereka berseru bersama-sama kepada Allah (Kisah Para Rasul 4:24). Kini pun, kita bisa melihat tak terhitung banyaknya mujizat dan tanda yang ajaib dinyatakan dan bagaimana mereka mengalami kebangkitan besar di gereja-gereja yang berseru kepada Allah dengan suara keras dan mengikuti dan hidup sesuai kehendak Allah.

"Berseru kepada Allah" merujuk kepada berdoa kepada Allah dengan doa yang sungguh-sungguh dan dengan suara yang keras. Melalui doa seperti itu, saudara dan saudari di dalam Kristus bisa dipenuhi oleh Roh Kudus, saat kekuatan campur tangan iblis diusir, mereka bisa menerima jawaban-jawaban doa mereka dan karunia rohani.

Di dalam Alkitab terekam banyak sekali kejadian dimana Yesus dan banyak bapa leluhur iman kita berseru kepada Allah dengan suara yang keras dan menerima jawaban.

Marilah kita periksa beberapa contoh di Perjanjian Lama.

Dalam Keluaran 15:22-25 ada kejadian dimana bangsa Israel, setelah meninggalkan Mesir jauh lebih awal, baru saja berjalan kaki dengan selamat menyeberangi Laut Merah setelah Musa membelahnya dengan iman. Karena iman bangsa Israel kecil, mereka bersungut-sungut kepada Musa bahwa mereka tidak bisa menemukan apa pun untuk diminum saat mereka menyeberangi padang gurun Syur. Ketika Musa "berseru" kepada Allah, air pahit di Mara berubah menjadi manis.

Dalam Bilangan 12 ada kisah dimana Miriam saudara perempuan Musa menderita kusta setelah mengatai Musa. Ketika Musa berseru kepada Allah, *"Ya Allah, sembuhkanlah kiranya dia."* Allah menyembuhkan Miriam dari penyakit kusta yang dideritanya.

Dalam 1 Samuel 7:9 kita membaca, *"Sesudah itu Samuel mengambil seekor anak domba yang menyusu, lalu mempersembahkan seluruhnya kepada TUHAN sebagai korban bakaran. Dan ketika Samuel berseru kepada TUHAN bagi orang Israel, maka TUHAN menjawab dia."*

1 Raja-Raja 17 adalah sebuah cerita mengenai janda zarfat yang menunjukkan kebaikan kepada Elia. Ketika anak laki-lakinya jatuh sakit dan mati, Elia berseru kepada Allah dan

berkata, *"Ya TUHAN, Allahku! Pulangkanlah kiranya nyawa anak ini ke dalam tubuhnya."* Allah mendengar suara Elia, dan nyawa anak itu kembali kepadanya dan ia hidup kembali (1 Raja-Raja 17:21-22). Saat Allah mendengar Elia berseru, kita melihat bahwa Allah menjawab doa nabi itu.

Yunus, yang ditelan dan terkurung di dalam ikan besar akibat ketidaktaatannya kepada Allah, juga menerima keselamatan saat Ia berseru kepada Allah dalam doa. Dalam Yunus 2:2 kita melihat bahwa saat ia berdoa, *"Dalam kesusahanku aku berseru kepada TUHAN, dan Ia menjawab aku, dari tengah-tengah dunia orang mati aku berteriak, dan Kaudengarkan suaraku."* Allah mendengar seruannya dan menyelamatkannya. Tak peduli seberapa buruk dan menekan situasi yang kita alami seperti yang dialami Yunus, Allah akan memberikan kepada kita kerinduan hati kita, menjawab kita, dan memberikan kepada kita solusi atas masalah-masalah apabila kita bertobat dari pelanggaran-pelanggaran kita di mata-Nya dan berseru kepada-Nya.

Perjanjian baru juga dipenuhi oleh kisah-kisah dimana orang berseru kepada Allah.

Dalam Yohanes 11:43-44, Kita temukan bahwa Yesus berseru dengan suara keras, *"Lazarus, marilah ke luar!"* dan manusia yang telah mati itu keluar, tangan dan kakinya masih terikat kain kafan, dan mukanya tertutup dengan kain peluh. Pasti tidak ada bedanya bagi Lazarus yang mati baik Yesus berseru dengan suara keras maupun berbisik. Namun, Yesus berseru kepada Allah dengan suara keras. Yesus menghidupkan kembali Lazarus, yang tubuhnya sudah dikubur selama 4 hari, dengan doa-Nya sesuai dengan kehendak Allah dan memperlihatkan kemuliaan Allah.

Markus 10:46-52 menceritakan kepada kita tentang penyembuhan seorang pengemis buta bernama Bartimeus.

"Lalu tibalah Yesus dan murid-murid-Nya di Yerikho. Dan ketika Yesus keluar dari Yerikho, bersama-sama dengan murid-murid-Nya dan orang banyak yang berbondong-bondong, ada seorang pengemis yang buta, bernama Bartimeus, anak Timeus, duduk di pinggir jalan. Ketika didengarnya, bahwa itu adalah Yesus orang Nazaret, mulailah ia berseru: 'Yesus, Anak Daud, kasihanilah aku!' Banyak orang menegornya supaya ia diam. Namun semakin keras ia berseru: 'Anak Daud, kasihanilah aku!' Lalu Yesus berhenti dan berkata: 'Panggillah dia!' Mereka memanggil orang buta itu dan berkata kepadanya: 'Kuatkan hatimu, berdirilah, Ia memanggil engkau.' Lalu ia menanggalkan jubahnya, ia segera berdiri dan pergi mendapatkan Yesus. Tanya Yesus kepadanya: 'Apa yang kaukehendaki supaya Aku perbuat bagimu?' Jawab orang buta itu: 'Rabuni, supaya aku dapat melihat!' Lalu kata Yesus

kepadanya: 'Pergilah, imanmu telah menyelamatkan engkau!' Pada saat itu juga melihatlah ia, lalu ia mengikuti Yesus dalam perjalanan-Nya."

Dalam Kisah Para Rasul 7:59-60, saat Diaken Stefanus dilempari untuk mati martir, ia berseru kepada Tuhan dan berkata, *"Ya Tuhan Yesus, terimalah rohku."* Kemudian dengan berlutut ia berseru dengan suara nyaring, "Tuhan, janganlah tanggungkan dosa ini kepada mereka!"

Dan seperti tertulis di Kejadian 4:23-24, 31, *"Sesudah dilepaskan pergilah Petrus dan Yohanes kepada teman-teman mereka, lalu mereka menceriterakan segala sesuatu yang dikatakan imam-imam kepala dan tua-tua kepada mereka. Ketika teman-teman mereka mendengar hal itu, berserulah mereka bersama-sama kepada Allah, katanya: Ya Tuhan, Engkaulah yang menjadikan langit dan bumi, laut dan segala isinya. Dan ketika mereka sedang berdoa, goyanglah tempat mereka berkumpul itu dan mereka semua penuh dengan Roh Kudus, lalu mereka memberitakan firman Allah dengan berani."*

Saat Anda berseru kepada Allah, Anda bisa menjadi saksi Yesus Kristus yang benar dan menyatakan kuasa Roh Kudus.

Allah berkata kepada kita untuk berseru kepada-Nya sekalipun kita sedang berpuasa. Jika kita menghabiskan banyak waktu puasa kita dengan tidur karena kelelahan, kita tidak akan menerima jawaban dari Allah. Allah berjanji di Yesaya 58:9,

"Pada waktu itulah engkau akan memanggil dan TUHAN akan menjawab, engkau akan berteriak minta tolong dan Ia akan berkata: Ini Aku!" Sesuai dengan janji-Nya, jika kita berseru saat kita berpuasa, anugerah dan kuasa dari atas akan turun atas kita dan kita akan berkemenangan dan menerima jawaban-jawaban Allah.

Dengan "Perumpamaan Janda yang Gigih," Yesus bertanya kepada kita secara retoris, *"Tidakkah Allah akan membenarkan orang-orang pilihan-Nya yang siang malam berseru kepada-Nya? Dan adakah Ia mengulur-ulur waktu sebelum menolong mereka?"* dan berkata kepada kita agar berseru dalam doa (Lukas 18:7).

Karena itu Yesus mengatakan kepada kita dalam Matius 5:18, *"Karena Aku berkata kepadamu: Sesungguhnya selama belum lenyap langit dan bumi ini, satu iota atau satu titikpun tidak akan ditiadakan dari hukum Taurat, sebelum semuanya terjadi,"* bila anak-anak Allah berdoa, wajar jika mereka berseru dalam doa Inilah perintah Allah. Karena hukum-Nya menyatakan agar kita makan dan minum hasil jerih payah kita, kita bisa menerima jawaban Allah saat kita berseru kepada-Nya.

Sebagian orang mungkin membantah, mendasarkan klaim mereka pada Matius 6:6-8, dan bertanya, "Apakah kita harus berseru kepada Allah yang mengetahui apa yang kita perlukan bahkan sebelum kita meminta?" atau "Mengapa berseru apabila berkata agar berdoa di tempat tersembunyi di dalam kamar dengan pintu tertutup?" Namun, Anda tidak akan menemukan di Alkitab ayat-ayat yang merujuk pada orang berdoa di tempat tersembunyi di kamar mereka yang nyaman?

Makna sebenarnya Matius 6:6 adalah mendorong kita untuk berdoa dengan sepenuh hati kita. Masukilah ruangan dalam Anda dan tutuplah pintu di belakang Anda. Jika Anda berada di dalam sebuah ruangan yang khusus dan tenang dengan pintu tertutup, bukankah Anda akan terputus dari semua kontak luar? Sama seperti kita terputus dari semua akses luar di dalam kamar kita sendiri dengan pintu tertutup, Yesus dalam Matius 6:6-8 mengatakan kepada kita untuk memutuskan diri kita dari semua pikiran kita, pikiran-pikiran duniawi, kekuatiran, kegelisahan, dan lain sebagainya dan berdoa dengan sepenuh hati kita.

Lebih lanjut, Yesus menyampaikan cerita ini sebagai pelajaran bagi semua orang untuk mengetahui bahwa Allah tidak mendengar doa orang Farisi dan imam-iman, yang pada masa Yesus berdoa dengan suara keras agar dipuji dan dilihat orang lain. Kita tidak boleh merasa bangga atas kuantitas doa kita. Sebaliknya, kita harus bergumul dalam doa dengan sepenuh hati kepada Ia yang menyelidiki hati dan pikiran kita, kepada Yang Mahakuasa yang mengetahui semua keperluan dan keinginan kita, dan kepada Dia yang adalah "segalanya" bagi kita.

Sulit untuk berdoa dengan sepenuh hati melalui doa yang hening. Cobalah berdoa dengan bermeditasi dengan mata tertutup di malam hari. Anda akan segera menemukan diri Anda berjuang melawan keletihan dan pikiran duniawi, bukannya berdoa. Apabila Anda jadi lelah karena menahan kantuk, Anda akan segera tertidur tanpa Anda sadari.

Bukannya berdoa dalam keheningan di dalam sebuah ruangan sunyi, *"Pada waktu itu pergilah Yesus ke bukit untuk berdoa dan semalam-malaman Ia berdoa kepada Allah"* (Lukas 6:12) dan *"Pagi-pagi benar, waktu hari masih gelap, Ia bangun dan pergi ke luar. Ia pergi ke tempat yang sunyi dan berdoa di sana"* (Markus 1:35). Di kamar atasnya, Nabi Daniel punya tingkap-tingkap yang terbuka menghadap Yerusalem, dan ia berlutut tiga kali sehari, berdoa dan memuji Allahnya seperti yang biasa dilakukannya (Daniel 6:10). Petrus naik ke atas rumah untuk berdoa (Kisah Para Rasul 10:9), dan rasul Paulus pergi ke luar gerbang kota ke tepi sungai, yang ia duga sebagai tempat sembahyang dan berdoa di sana saat ia tinggal di Filipi (Kisah Para Rasul 16:13, 16) Orang-orang tersebut menuju ke tempat khusus untuk berdoa karena mereka ingin berdoa dengan sepenuh hati mereka. Anda harus berdoa dengan cara dimana Anda bisa menerobos kekuatan iblis penguasa udara dan tiba di tahta atas. Hanya dengan begitu Anda akan dipenuhi oleh Roh Kudus, pencobaan Anda disingkirkan, dan menerima jawaban-jawaban atas semua masalah Anda baik besar maupun kecil.

3) Doa Anda harus memiliki tujuan

Sebagian orang mungkin menanam pohon untuk mendapatkan kayu yang baik. yang lain menanam untuk mendapatkan buah. Dan juga orang lain mungkin menanam pohon untuk menggunakan kayunya demi menciptakan kebun yang indah. Jika seseorang menanam pohon tanpa tujuan tertentu, sebelum anak pohon tumbuh tinggi dan besar ia mungkin menelantarkan pohonnya karena bisa saja ia disibukkan oleh pekerjaan lainnya.

Memiliki tujuan yang jelas dalam setiap usaha mendorong usaha itu dan membawa hasil dan pencapaian yang lebih cepat dan lebih baik. Tanpa tujuan yang jelas, bagaimana pun juga, sebuah usaha bahkan mungkin tidak akan bertahan terhadap sebuah rintangan kecil karena tanpa arah, yang ada hanyalah keraguan dam pengunduran diri.

Kita harus punya tujuan yang jelas saat kita berdoa di hadapan Allah. Kita telah dijanjikan untuk menerima dari Allah apapun yang kita minta apabila kita yakin di hadapan-Nya (1 Yohanes 3:21-22), dan ketika tujuan doa kita jelas, kita akan mampu berdoa lebih sungguh-sungguh dengan ketekunan yang lebih besar. Kehendak Allah, apabila Ia melihat tidak ada yang menuduh hati kita, menyediakan segala hal yang kita perlukan. Kita harus selalu ingat tujuan doa kita dan mampu berdoa dengan cara yang berkenan kepada Allah.

4) Anda harus berdoa dengan iman

Karena ukuran iman setiap orang bervariasi, setiap orang akan menerima jawaban Allah sesuai dengan imannya. Ketika pertama kali orang menerima Yesus Kristus dan membuka hati mereka, Roh Kudus turun dan diam di dalam mereka dan Allah menyatakan mereka sebagai anak-anak-Nya. Inilah saat mereka memiliki iman sebesar biji sesawi.

Saat mereka menguduskan hari Sabat dan terus berdoa, berjuang memelihara perintah Allah, dan hidup menurut Firman-Nya, iman mereka akan tumbuh. Tapi, saat mereka menghadapi pencobaan dan penderitaan sebelum mereka berdiri teguh di atas batu karang iman, mereka mungkin mempertanyakan kuasa Allah dan kadangkala menjadi kecewa. Tapi, ketika mereka berdiri di atas batu karang iman, mereka tidak akan jatuh dalam keadaan apa pun melainkan memandang kepada Allah dengan iman dan terus berdoa. Allah melihat iman seperti itu, dan Ia akan bekerja untuk mendatangkan kebaikan bagi orang yang mengasihi-Nya.

Saat mereka membangun doa demi doa, dengan kuasa yang dari atas mereka akan berjuang melawan dosa dan menyerupai Allah. Mereka akan memahami dengan jelas kehendak Allah dan menaatinya. Inilah iman yang berkenan kepada Allah dan mereka akan menerima apa pun yang mereka minta. Saat orang sampai pada ukuran iman ini, mereka akan mengalami janji yang ditemukan di Markus 16:17-18, yang berkata, *"Tanda-tanda*

ini akan menyertai orang-orang yang percaya: mereka akan mengusir setan-setan demi nama-Ku, mereka akan berbicara dalam bahasa-bahasa yang baru bagi mereka, mereka akan memegang ular, dan sekalipun mereka minum racun maut, mereka tidak akan mendapat celaka; mereka akan meletakkan tangannya atas orang sakit, dan orang itu akan sembuh."
Orang yang imannya besar akan menerima jawaban sesuai iman mereka, dan orang yang imannya kecil juga akan menerima jawaban sesuai dengan iman mereka.

Ada "iman yang berpusat kepada diri sendiri" yang berasal dari diri Anda sendiri dan "iman dari Allah": "Iman yang berpusat kepada diri sendiri" tidak selaras dengan perbuatan seseorang, namun iman dari Allah adalah iman rohani yang akan selalu disertai oleh perbuatan. Alkitab mengatakan kepada kita bahwa iman adalah dasar dari segala sesuatu yang kita harapkan (Ibrani 11:1), namun "iman yang berpusat kepada diri sendiri" tidak menjadi kepastian. Sekalipun seseorang memiliki iman untuk membelah Laut Merah dan memindahkan gunung, dengan "iman yang berpusat kepada diri sendiri", ia tidak memiliki kepastian akan jawaban Allah.

Allah memberi kita "iman yang hidup" yaitu iman yang disertai perbuatan apabila kita, sesuai dengan iman kita di dalam Dia, menaati, menunjukkan iman kita melalui perbuatan, dan berdoa. Ketika kita menunjukkan kepada-Nya iman yang sudah kita miliki, iman itu akan bersatu dengan "iman yang hidup" yang Ia tambahkan kepada kita, yang pada gilirannya akan menjadi iman besar dengan mana kita bisa menerima jawaban Allah tanpa ditunda. Kadangkala orang mengalami kepastian yang tak terbantahkan atas jawaban-Nya. Iman ini diberikan kepada mereka oleh Allah dan jika orang memiliki iman semacam ini, mereka telah menerima jawabannya.

Karena itu, tanpa ragu sedikit pun, kita harus menaruh kepercayaan kita dalam janji yang diberikan Yesus di dalam Markus 11:24, *"Karena itu Aku berkata kepadamu: apa saja yang kamu minta dan doakan, percayalah bahwa kamu telah menerimanya, maka hal itu akan diberikan kepadamu."* Dan kita harus berdoa hingga kita mendapatkan kepastian akan jawaban Allah, dan menerima apa pun yang kita minta di dalam doa (Matius 21:22).

5) Anda harus berdoa dalam kasih

Ibrani 11:6 mengatakan, *"Tetapi tanpa iman tidak mungkin orang berkenan kepada Allah, sebab barangsiapa berpaling kepada Allah, ia harus percaya bahwa Allah ada, dan bahwa Allah memberi upah kepada orang yang sungguh-sungguh mencari Dia."* Jika kita percaya bahwa semua doa kita akan dijawab dan disimpan sebagai upah surgawi kita, kita tidak akan merasa berdoa itu berat atau susah.

Sama seperti Yesus bergumul dalam doa untuk memberikan

kehidupan bagi umat manusia, jika kita berdoa dengan kasih akan jiwa-jiwa, kita juga bisa berdoa dengan bersungguh-sungguh. Jika Anda bisa berdoa dengan kasih yang tulus bagi orang lain, itu artinya Anda bisa menempatkan diri Anda dalam posisi mereka dan melihat masalah mereka sebagai masalah Anda, dan dengan demikian Anda berdoa dengan semakin bersungguh-sungguh.

Misalnya, seandainya Anda berdoa bagi pembangunan gedung gereja Anda. Anda mesti berdoa dengan hati yang sama seperti Anda berdoa untuk pembangunan rumah Anda sendiri. Sama seperti Anda akan meminta rincian tanah, pekerja, material, dan lain sebagainya untuk rumah Anda sendiri, Anda harus meminta semua elemen dan faktor yang diperlukan untuk pembangunan gereja secara rinci. Jika Anda berdoa untuk seorang pasien, Anda harus menempatkan diri Anda di posisinya dan bergumul dalam doa dengan sepenuh hati seakan-akan sakit dan penderitaannya adalah milik Anda.

Untuk mendapatkan kehendak Allah, Yesus terbiasa berlutut dan bergumul dalam doa dalam kasih-Nya kepada Allah dan kasih-Nya kepada umat manusia. Sebagai hasilnya, jalan keselamatan terbuka dan siapa pun yang menerima Yesus Kristus sekarang bisa diampuni atas dosa-dosanya dan menikmati kuasa dimana ia dinyatakan sebagai anak Allah.

Berdasarkan cara Yesus berdoa dan hakikat doa yang berkenan kepada Allah, kita harus memeriksa sikap dan hati kita, berdoa dengan sikap dan hati yang berkenan kepada Allah, dan menerima apa pun yang kita minta dari-Nya dalam doa.

Bab 4

Supaya Kamu Jangan Jatuh ke Dalam Pencobaan

Matius 26:40-41

Setelah itu Ia kembali kepada murid-murid-Nya itu dan mendapati mereka sedang tidur. Dan Ia berkata kepada Petrus: "Tidakkah kamu sanggup berjaga-jaga satu jam dengan Aku? Berjaga-jagalah dan berdoalah, supaya kamu jangan jatuh ke dalam pencobaan: roh memang penurut, tetapi daging lemah."

1. Kehidupan Doa: Nafas Roh Kita

Allah kita hidup, mengamati kehidupan manusia, kematian, kutuk, dan berkat, dan kasih, keadilan, dan kebaikan. Ia tidak ingin anak-anak-Nya jatuh ke dalam pencobaan atau mengalami penderitaan melainkan menjalani kehidupan yang dipenuhi berkat. Itulah sebabnya Ia mengirim ke bumi Roh Kudus Penasihat yang akan membantu anak-anak-Nya mengalahkan dunia ini, mengusir iblis, dan menjalani hidup yang sehat dan bahagia, dan sampai pada keselamatan.

Allah berjanji kepada kita dalam Yeremia 29:11-12, *"Sebab Aku ini mengetahui rancangan-rancangan apa yang ada pada-Ku mengenai kamu, demikianlah firman TUHAN, yaitu rancangan damai sejahtera dan bukan rancangan kecelakaan, untuk memberikan kepadamu hari depan yang penuh harapan. Dan apabila kamu berseru dan datang untuk berdoa kepada-Ku, maka Aku akan mendengarkan kamu."*

Jika kita ingin menjalani hidup ini dalam damai dan pengharapan, kita harus berdoa. Jika kita berdoa terus-menerus sepanjang hidup kita di dalam Kristus, kita tidak akan dicobai, jiwa kita akan sejahtera, apa yang tampak "mustahil" akan menjadi "mungkin," segala perkara dalam hidup kita akan berjalan baik, dan kita akan menikmati kesehatan yang baik. Tapi, jika anak-anak Allah tidak berdoa, karena musuh kita iblis berkeliling seperti singa yang mengaum-aum mencari mangsa, kita akan menghadapi pencobaan dan mengalami musibah.

Sama seperti hidup akan berakhir jika kita berhenti bernafas, pentingnya doa dalam kehidupan anak-anak Allah tidak bisa dianggap enteng. Itulah sebabnya Allah memerintahkan kita untuk tetap berdoa (1 Tesalonika 5:17), mengingatkan kita bahwa berhenti berdoa adalah dosa (1 Samuel 12:23), dan mengajarkan kepada kita untuk berdoa agar kita tidak masuk ke dalam pencobaan (Matius 26:41).

Orang percaya yang baru menerima Yesus Kristus untuk pertama kalinya cenderung mengalami kesukaran dalam berdoa karena mereka tidak tahu bagaimana berdoa. Roh kita yang mati dilahirkan kembali saat kita menerima Yesus Kristus dan menerima Roh Kudus. Kondisi rohani pada masa ini adalah kondisi rohani bayi; sulit untuk berdoa.

Tapi, jika mereka tidak menyerah namun terus berdoa dan menjadikan Firman Allah sebagai makanan rohani, roh mereka diperkuat dan doa mereka menjadi semakin kuat. Sama seperti manusia tidak bisa hidup tanpa bernafas, mereka mulai menyadari bahwa mereka tidak bisa hidup tanpa berdoa.

Pada masa kanak-kanak saya, ada anak-anak yang bertanding satu sama lain untuk melihat siapa yang bisa menahan nafas paling lama. Dua anak pada saat bersamaan akan berhadapan dan mengambil nafas dalam-dalam. Ketika anak yang lain berkata "Siap" kedua anak itu menarik nafas sebanyak mungkin. Saat "wasit" berteriak "Mulai!" dengan ekspresi muka penuh ketetapan hati, kedua anak itu mulai menahan nafas mereka.

Pada awalnya, menahan nafas tidaklah terlalu sukar. Saat waktu sedikit berlalu, bagaimana pun juga, anak-anak itu merasa tercekik saat muka mereka berubah menjadi merah padam. Pada akhirnya, mereka tidak mampu lagi menahan nafas mereka dan terpaksa meniup nafas. Tak seorang pun bisa hidup jika pernafasannya berhenti.

Sama halnya dengan doa. Ketika seorang manusia rohani berhenti berdoa, ia tidak menyadari adanya perbedaan pada mulanya. Seiring berlalunya waktu, bagaimana pun juga, ia mulai merasa kecil hati dan menderita. Jika kita bisa melihat rohnya dengan mata kita, rohnya mungkin nyaris mati lemas. Jika ia menyadari bahwa semua itu karena ia berhenti berdoa dan berdoa kembali, ia bisa menjalani hidup yang normal kembali. Tapi, jika ia terus melakukan dosa berhenti berdoa, hatinya akan merasa semakin menderita dan tertekan, dan ia akan mengalami banyak aspek dalam hidupnya tidak sesuai harapan.

"Istirahat" berdoa bukanlah kehendak Allah. Sama seperti kita megap-megap hingga pernafasan kita kembali normal, kembali ke kehidupan doa normal di masa lalu adalah lebih sulit dan membutuhkan waktu yang lebih banyak. Semakin lama "istirahat", semakin lama waktu yang diperlukan untuk mengembalikan kehidupan doa Anda.

Orang yang menyadari bahwa doa adalah nafas bagi roh mereka tidak merasa berdoa itu sulit dan melelahkan. Jika mereka telah terbiasa berdoa sebagaimana mereka terbiasa menarik nafas dan menghembuskan nafas, bukannya merasa doa itu melelahkan dan sulit, mereka akan menjadi semakin damai, semakin dipenuhi harapan, dan semakin bersukacita dalam hidup dibandingkan tidak berdoa. Ini karena mereka menerima jawaban Allah dan memberi kemuliaan kepada Allah sebanyak mereka berdoa

2. Penyebab Pencobaan Datang Kepada Orang Yang Tidak Berdoa

Yesus memberikan teladan doa bagi kita dan menyuruh murid-murid-Nya untuk berjaga-jaga dan berdoa supaya mereka tidak jatuh ke dalam pencobaan (Matius 26:41) Sebaliknya, ini berarti jika kita tidak berdoa terus-menerus, kita akan jatuh ke dalam pencobaan. Mengapa, kemudian, pencobaan datang kepada orang yang tidak berdoa?

Allah menciptakan manusia pertama Adam, membuatnya hidup, dan mengizinkan dia berkomunikasi dengan Allah yang adalah Roh. Setekah Adam makan dari pohon pengetahuan yang baik dan yang jahat dan tidak menaati Allah, roh Adam mato, komunikasinya dengan Allah terputus, dan ia diusir dari Taman Eden. Sedangkan iblis, penguasa udara, menguasai manusia yang tidak bisa lagi berkomunikasi dengan Allah yang adalah Roh, manusia berangsur-angsur dan semakin tenggelam dalam dosa.

Sebab upah dosa adalah maut (Roma 6:23), Allah

menyingkapkan campur tangan ilahi-Nya keselamatan melalui Yesus kristus bagi semua umat manusia yang ditetapkan untuk binasa. Allah memberi kuasa sebagai anak-anak-Nya bagi siapa saja yang menerima Yesus Kristus sebagai Juru Selamatnya, mengakui bahwa ia adalah manusia berdosa, dan sebagai tanda kepastian Allah memberikan Roh Kudus kepadanya.

Roh Kudus sang Penghibur yang Allah kirim untuk menginsafkan dunia akan dosa, kebenaran, dan penghakiman (Yohanes 16:8), berdoa kepada Allah dengan keluhan-keluhan yang tak terucapkan (Roma 8:26), dan memampukan kita untuk mengalahkan dunia.

Agar dipenuhi Roh Kudus dan menerima tuntunan-Nya, doa mutlak perlu. Hanya apabila kita berdoa Roh Kudus akan berbicara kepada kita, menggerakkan hati dan pikiran kita, memperingatkan kita akan pencobaan-pencobaan yang akan datang, memberitahu kita cara menghindari pencobaan-pencobaan itu, dan menolong kita mengalahkan pencobaan sekalipun pencobaan-pencobaan datang merintangi kita.

Namun, tanpa doa tidak ada cara untuk membedakan kehendak Allah dari kehendak manusia. Dalam mengejar nafsu duniawi, manusia tanpa kehidupan doa yang rutin akan hidup menurut kebiasaan lama mereka dan mengejar apa yang benar menurut kebenaran mereka sendiri. Jadi, pencobaan dan penderitaan mendatangi mereka saat mereka menghadapi berbagai kesukaran.

Dalam Yakobus 1:13-15 kita membaca, *"Apabila seorang dicobai, janganlah ia berkata: 'Pencobaan ini datang dari Allah!' Sebab Allah tidak dapat dicobai oleh yang jahat, dan Ia sendiri tidak mencobai siapapun. Tetapi tiap-tiap orang dicobai oleh keinginannya sendiri, karena ia diseret dan dipikat olehnya. Dan apabila keinginan itu telah dibuahi, ia melahirkan dosa; dan apabila dosa itu sudah matang, ia melahirkan maut."*

Dengan kata lain, pencobaan datang kepada orang yang tidak berdoa karena mereka gagal membedakan kehendak Allah dan kehendak manusia, dicobai oleh nafsu duniawi mereka, dan menderita kesukaran karena mereka tidak bisa mengalahkan pencobaan. Allah ingin semua anak-anak-Nya belajar mencukupkan diri dalam segala keadaan, tahu apa itu kekurangan dan tahu apa itu kelimpahan, dan belajar rahasia mencukupkan diri dalam segala keadaan, baik dalam hal kenyang maupun kelaparan, baik dalam hal kelimpahan maupun dalam hal kekurangan (Filipi 4:11-12).

Namun, karena nafsu duniawi mengandung dan melahirkan dosa dan upah dosa adalah maut, Allah tidak bisa melindungi orang yang terus berbuat dosa. Sebanyak manusia berbuat dosa, iblis mendatangkan bagi mereka masa-masa pencobaan dan penderitaan. Sebagian orang yang telah jatuh ke dalam pencobaan kecewa kepada Allah dengan menyatakan bahwa Ia menjatuhkan mereka ke dalam pencobaan dan memasukkan mereka ke dalam penderitaan. Namun, itu adalah tindakan bersungut-sungut terhadap Allah dan orang seperti itu tidak bisa mengatasi pencobaan dan tidak meninggalkan satu ruang pun bagi Allah untuk bekerja demi kebaikan mereka.

Jadi, Allah memerintahkan kita untuk mematahkan setiap siasat orang dan merubuhkan setiap kubu yang dibangun oleh keangkuhan manusia untuk menentang pengenalan akan Allah dan menawan segala pikiran dan menaklukkannya kepada Kristus (2 Korintus 10:5) Dan Ia mengingatkan kita dalam Roma 8:6-7, *"Karena keinginan daging adalah maut, tetapi keinginan Roh adalah hidup dan damai sejahtera. Sebab keinginan daging adalah perseteruan terhadap Allah, karena ia tidak takluk kepada hukum Allah; hal ini memang tidak mungkin baginya"* (Roma 8:6-7).

Kebanyakan informasi yang kita pelajari dan simpan dalam pikiran kita sebagai hal yang "benar" sebelum kita berjumpa dengan Allah ternyata salah dalam terang kebenaran. Jadi, kita bisa sepenuhnya mengikuti kehendak Allah apabila kita menghancurkan semua teori dan pikiran duniawi. Lebih lagi, jika kita ingin menghancurkan semua pertimbangan dan keinginan dan menaati kebenaran, kita harus berdoa.

Kadangkala, Allah kasih mengoreksi anak-anak yang Ia kasihi sehingga mereka tidak turun ke jalan kehancuran dan mengizinkan pencobaan-pencobaan agar mereka bisa bertobat dan berbalik dari jalan-jalan mereka. Saat manusia memeriksa diri mereka dan bertobat dari apa pun dalam diri mereka yang tidak berkenan di mata Allah, tetap berdoa, memandang kepada Dia yang dalam segala sesuatu bekerja membawa kebaikan bagi orang-orang yang mengasihi-Nya, dan selalu bersukacita, allah akan melihat iman mereka dan pasti akan menjawab mereka.

3. Roh Memang Penurut Tetapi Daging Lemah

Malam hari sebelum Ia disalibkan, Yesus pergi bersama murid-murid-Nya ke sebuah tempat bernama Getsemani dan bergumul dalam doa. Saat Ia menemukan murid-murid-Nya tertidur, Yesus meratap dan berkata, *"Berjaga-jagalah dan berdoalah, supaya kamu jangan jatuh ke dalam pencobaan: roh memang penurut, tetapi daging lemah"* (Matius 26:41).

Di dalam Alkitab ada istilah-istilah seperti, "daging," "hal-hal kedagingan," dan "perbuatan-perbuatan daging." Di satu sisi, "daging" bertentangan dengan "roh' dan secara umum mengacu pada semua hal yang tidak benar dan berubah Ini mengacu pada semua ciptaan, termasuk manusia sebelum diubahkan oleh kebenaran, tumbuh-tumbuhan, semua hewan, dan lain sebagainya. Di sisi lain, "roh" mengacu pada hal-hal yang kekal, benar, dan tidak berubah.

Sejak ketidaktaatan Adam, semua laki-laki dan perempuan dilahirkan dengan mewarisi tabiat dosa, dan inilah dosa mula-

mula. "Dosa yang dilakukan sendiri" adalah perbuatan yang tidak benar atas dorongan iblis. Manusia menjadi "daging" ketika ketidakbenaran telah melumuri tubuhnya dan tubuhnya bersatu dengan tabiat dosa. Inilah yang disebutkan dalam Roma 9:8 "anak-anak daging." Ayat ini berkata, *"Artinya: bukan anak-anak menurut daging adalah anak-anak Allah, tetapi anak-anak perjanjian yang disebut keturunan yang benar."* Dan Roma 13:14 memperingatkan kita, *"Tetapi kenakanlah Tuhan Yesus Kristus sebagai perlengkapan senjata terang dan janganlah merawat tubuhmu untuk memuaskan keinginannya."*

Lebih lagi, "hal-hal kedagingan" adalah berbagai atribut dosa seperti tipu daya, iri hati, cemburu, dan kebencian (Roma 8:5-8). Mungkin hal-hal itu belum diwujudkan dalam perbuatan tetapi bisa saja menjadi perbuatan. Ketika keinginan berubah menjadi perbuatan, mereka dinyatakan sebagai "perbuatan daging" (Galatia 5:19-21).

Apa maksud Yesus dengan "daging memang lemah"? Apakah ia sedang merujuk pada kondisi fisik murid-murid-Nya? Sebagai mantan nelayan, Petrus, Yakobus, dan Yohanes berada dalam puncak kehidupan dan kesehatan yang sempurna. Bagi orang-orang yang menghabiskan banyak malam untuk menangkap ikan, terjaga untuk beberapa jam seharusnya bukanlah masalah besar. Namun demikian, bahkan setelah Yesus menyuruh mereka untuk tetap di sana dan berjaga-jaga bersama dia, ketiga murid itu tidak mampu berdoa melainkan jatuh tertidur. Mereka bisa saja pergi ke Getsemani untuk berdoa bersama Yesus, namun keinginan ini hanya di dalam hati mereka. Sebaliknya, ketika Yesus mengatakan kepada mereka bahwa daging mereka "lemah", Ia bermaksud mengatakan bahwa ketiga muridnya itu tidak mampu untuk menghalangi hawa nafsu daging yang menggoda mereka untuk tidur dan beristirahat.

Petrus yang merupakan salah satu murid yang dikasihi Yesus tidak bisa berdoa karena dagingnya lemah sekalipun rohnya penurut, dan ketika Yesus ditangkap dan nyawanya terancam, tiga kali ia menyangkal mengenal Yesus. Hal ini terjadi sebelum kebangkitan dan kenaikan Yesus ke surga, dan Petrus terjebak dalam ketakutan yang dalam karena belum menerima Roh Kudus. Tetapi setelah Petrus menerima Roh Kudus, ia membangkitkan orang mati, melakukan mujizat dan tanda-tanda ajaib, dan tumbuh cukup berani untuk disalibkan terbalik. Tanda-tanda kelemahan Petrus tidak dapat ditemukan karena ia diubah menjadi rasul Allah yang berani yang tidak takut akan kematian. Ini karena Yesus mencurahkan darah-Nya yang berharga, tak bercacat, dan tak bercela dan menebus kita dari sakit-penyakit kita, kemiskinan, dan kelemahan kita. Jika kita hidup oleh iman, dalam ketaatan kepada Firman Allah, kita akan menikmati kesehatan baik dalam tubuh dan roh, dan kita akan mampu melakukan apa yang mustahil bagi manusia, dan segala hal menjadi mungkin bagi kita.

Tetapi kadangkala, beberapa orang yang melakukan dosa, bukannya bertobat dari dosa-dosa mereka, mereka segera berkata "Daging memang lemah" dan menganggap berbuat dosa itu wajar. Orang seperti itu mengeluarkan perkataan demikian karena mereka tidak tahu kebenaran. Seandainya seorang ayah memberikan $ 1,000 kepada anaknya. Betapa konyol jika anaknya itu memasukkan uang itu ke dalam sakunya dan berkata kepada ayahnya, "Saya tidak punya uang satu sen pun"? Betapa menyedihkan bagi sang ayah jika anaknya itu – masih dengan uang $ 1,000 di sakunya – membuat dirinya kelaparan dengan tidak membeli makanan? Karena itu, bagi kita yang telah menerima Roh Kudus, "Daging memang lemah" merupakan kalimat kontradiksi.

Saya telah melihat banyak orang yang terbiasa tidur jam 10 malam, sekarang menghadiri "Ibadah Jumat Sepanjang Malam" setelah menerima pertolongan Roh Kudus. Mereka tidak jadi letih lesu dan mempersembahkan setiap Jumat malam kepada Allah dalam kepenuhan Roh Kudus. Ini karena, dalam kepenuhan Roh Kudus, mata rohani manusia menjadi dipertajam, hati mereka melimpah dengan sukacita, mereka tidak merasa lelah, dan tubuh mereka terasa ringan.

Karena kita hidup di masa Roh Kudus, kita jangan pernah berhenti berdoa atau melakukan dosa karena "daging memang lemah." Sebaliknya, dengan berjaga-jaga dan terus berdoa, kita harus menerima pertolongan Roh Kudus dan membuang hal-hal kedagingan dan perbuatan-perbuatan daging dan lain sebagainya, dan dengan tekun menjalani hidup kita di dalam Kristus dengan selalu hidup sesuai dengan kehendak Allah bagi kita.

4. Berkat bagi Orang-Orang yang Berjaga-jaga dan Berdoa

1 Petrus 5:8-9 berkata, *"Sadarlah dan berjaga-jagalah! Lawanmu, si Iblis, berjalan keliling sama seperti singa yang mengaum-aum dan mencari orang yang dapat ditelannya. Lawanlah dia dengan iman yang teguh, sebab kamu tahu, bahwa semua saudaramu di seluruh dunia menanggung penderitaan yang sama."* Musuh kita Setan dan iblis, penguasa udara, berjuang memikat orang-orang percaya kepada Allah agar tersesat dan mencegah umat-Nya memiliki iman setiap kali mereka bisa.

Jika seseorang ingin mencabut sebuah pohon, pertama-tama ia akan mencoba menggoyahkan pohon itu. Jika batang pohon itu besar dan pohon itu berakar jauh ke dalam tanah, ia akan menyerah da mencoba menggoyahkan pohon yang lain. Ketika pohon kedua tampaknya bisa dicabut dengan lebih mudah daripada yang pertama, ia akan semakin semangat dan menggoyahkan pohon itu dengan lebih kuat. Begitu pula, iblis yang berupaya memikat kita akan pergi jauh jika kita tetap kuat. Jika kita goyah sedikit saja, iblis akan tetap mendatangkan pencobaan-pencobaan untuk merobohkan kita.

Untuk bisa melihat dan menghancurkan rencana iblis dan berjalan di dalam terang dengan hidup sesuai Firman Allah, kita harus bergumul dalam doa dan menerima kekuatan yang dari Allah dan kuasa yang dari atas. Yesus Anak Tunggal Allah mampu mewujudkan segala sesuatu sesuai kehendak Allah karena kuasa doa. Sebelum Ia memulai pelayanan-Nya, Yesus mempersiapkan dirinya dengan berpuasa selama empat puluh hari dan empat puluh malam, dan sepanjang tiga tahun pelayanan-Nya Ia menunjukkan pekerjaan luar biasa kuasa Allah dengan terbiasa dan tetap berdoa. Di akhir pelayanan-Nya, Yesus bisa menghancurkan kuasa maut dan mengalahkannya melalui kebangkitannya karena Ia bergumul dalam doa di Getsemani. Itulah sebabnya Tuhan kita mendorong kita untuk *"Bertekunlah dalam doa dan dalam pada itu berjaga-jagalah sambil mengucap syukur"* (Kolose 4:2), dan *"Kesudahan segala sesuatu sudah dekat. Karena itu kuasailah dirimu dan jadilah tenang, supaya kamu dapat berdoa"* (1 Petrus 4:7). Ia juga mengajari kita berdoa, *"Dan janganlah membawa kami ke dalam pencobaan, tetapi lepaskanlah kami dari pada yang jahat"* (Matius 6:13). Mencegah diri kita jatuh ke dalam pencobaan sangatlah penting. Jika Anda jatuh ke dalam pencobaan, itu berarti Anda belum mengalahkannya, menjadi letih, dan mundur dalam iman – tak satu pun yang berkenan kepada Allah.

Ketika kita berjaga-jaga dan berdoa, Roh Kudus mengajari

kita untuk berjalan di jalan yang benar dan kita memerangi dan membuang dosa-dosa kita. Lebih lanjut, sebanyak jiwa kita sejahtera, hati kita akan menyerupai hati Tuhan, kita akan melakukan dengan baik segala perkara dalam hidup kita, dan kita akan menerima berkat kesehatan.

Doa adalah kunci untuk membuat segala sesuatu dalam hidup kita berjalan baik dan menerima berkat kesehatan dalam tubuh dan jiwa. Kita dijanjikan dalam 1 Yohanes 5:18, *"Kita tahu, bahwa setiap orang yang lahir dari Allah, tidak berbuat dosa; tetapi Dia yang lahir dari Allah melindunginya, dan si jahat tidak dapat menjamahnya."* Itulah sebabnya jika kita tetap berjaga-jaga, berdoa, dan berjalan di dalam terang, kita akan dilindungi dari iblis dan sekalipun kita jatuh ke dalam pencobaan, Allah akan menunjukkan kepada kita cara untuk keluar dari pencobaan itu, dan dalam segala hal, Allah akan bekerja membawa kebaikan bagi Anda yang mengasihi-Nya.

Karena Allah menyuruh kita untuk terbiasa berdoa, kita harus menjadi anak-anak-Nya yang diberkati yang menjalani hidup kita di dalam Kristus dengan berjaga-jaga, mengusir iblis, dan menerima semua hal yang dimaksudkan Allah untuk memberkati kita.

1 Tesalonika 5:23 kita menemukan *"Semoga Allah damai sejahtera menguduskan kamu seluruhnya dan semoga roh, jiwa dan tubuhmu terpelihara sempurna dengan tak bercacat*

pada kedatangan Yesus Kristus, Tuhan kita."

Semoga masing-masing Anda menerima pertolongan Roh Kudus dengan membuat diri Anda tetap berjaga-jaga dan membiasakan berdoa, memiliki hati yang tak bercacat dan tak bernoda sebagai seorang anak Allah dengan membuang semua tabiat dosa di dalam diri Anda dan menyunat hati Anda oleh Roh Kudus, menikmati kuasa sebagai anak-Nya sehingga jiwa Anda sejahtera, segala sesuatu dalam hidup Anda berhasil dan Anda menerima berkat kesehatan, dan memuliakan Allah dalam semua yang Anda lakukan, di dalam nama Tuhan kita Yesus Kristus Saya Berdoa.

Bab 5

Doa Orang Benar Besar Kuasanya

Yakobus 5:16-18

Karena itu hendaklah kamu saling mengaku dosamu dan saling mendoakan, supaya kamu sembuh. Doa orang yang benar, bila dengan yakin didoakan, sangat besar kuasanya. Bila dengan yakin didoakan sangat besar kuasanya. Elia adalah manusia biasa sama seperti kita, dan ia telah bersungguh-sungguh berdoa, supaya hujan jangan turun, dan hujan pun tidak turun di bumi selama tiga tahun dan enam bulan. Lalu ia berdoa pula dan langit menurunkan hujan dan bumipun mengeluarkan buahnya.

1. Doa Iman yang Menyembuhkan Orang Sakit

Jika kita melihat hidup kita ke belakang, ada saat-saat kita berdoa di tengah-tengah penderitaan dan ada saat-saat kita memuji dan bersukacita setelah menerima jawaban Allah. Ada saat-saat kita berdoa bersama orang lain demi kesembuhan orang yang kita kasihi dan saat-saat ketika kita memuliakan Allah setelah mewujudkan apa yang mustahil bagi manusia melalui doa.

Dalam Ibrani 11 ada banyak referensi iman. Kita diingatkan di ayat 1 bahwa *"Iman adalah dasar dari segala sesuatu yang kita harapkan dan bukti dari segala sesuatu yang tidak kita lihat,"* sementara *"Tetapi tanpa iman tidak mungkin orang berkenan kepada Allah. Sebab barangsiapa berpaling kepada Allah, ia harus percaya bahwa Allah ada, dan bahwa Allah memberi upah kepada orang yang sungguh-sungguh mencari Dia"* (Ayat 6).

Iman secara umum dapat dibagi menjadi "iman rohani" dan "iman daging." Di satu sisi, dengan iman daging kita bisa percaya kepada Firman Allah hanya apabila Firman itu selaras dengan pemikiran kita. Iman daging ini tidak membawa perubahan dalam kehidupan kita. Di sisi lain, dengan iman rohani, kita bisa percaya pada kuasa Allah yang hidup dan Firman-Nya sebagaimana adanya sekalipun tidak selaras dengan pemikiran dan teori kita sendiri. Saat kita percaya pada pekerjaan Allah yang menciptakan segala hal dari yang tidak ada, kita mengalami perubahan yang tampak dalam kehidupan kita seperti juga tanda-tanda dan mujizat yang ajaib, dan percaya bahwa segala sesuatu mungkin bagi orang percaya.

Itulah sebabnya Yesus berkata kepada kita, *"Tanda-tanda ini akan menyertai orang-orang yang percaya: mereka akan mengusir setan-setan demi nama-Ku, mereka akan berbicara dalam bahasa-bahasa yang baru bagi mereka, mereka akan memegang ular, dan sekali pun mereka minum racun maut, mereka tidak akan mendapat celaka; mereka akan meletakkan tangannya atas orang sakit, dan orang itu akan sembuh"* (Markus 16:17-18), *"Tidak ada yang mustahil bagi orang yang percaya!"* (Markus 9:23), dan bahwa *"Karena itu Aku berkata kepadamu: apa saja yang kamu minta dan doakan, percayalah bahwa kamu telah menerimanya, maka hal itu akan diberikan kepadamu"* (Markus 11:24).

Bagaimana kita bisa memiliki iman rohani dan secara langsung mengalami kuasa-Nya yang besar? Di atas segalanya, kita harus ingat bahwa Rasul Paulus berkata dalam 2 Korintus 10:5, *"Kami mematahkan setiap siasat orang dan merubuhkan setiap kubu yang dibangun oleh keangkuhan manusia untuk menentang pengenalan akan Allah. Kami menawan segala pikiran dan menaklukkannya kepada Kristus."* Kita jangan lagi menganggap benar pengetahuan yang telah kita kumpulkan hingga titik ini. Sebaliknya, kita merubuhkan setiap pikiran dan teori yang bertentangan dengan Firman Allah, membuat diri kita taat kepada Firman-Nya yang adalah kebenaran dan hidup menurut Firman-Nya. Sebanyak kita merubuhkan pikiran-pikiran daging dan membuang ketidakbenaran dari dalam diri kita, jiwa kita akan sejahtera dan memiliki iman rohani yang dengannya kita bisa percaya.

Iman rohani adalah ukuran iman yang diberikan Allah kepada setiap kita (Roma 12:3). Setelah mendengar berita injil dan menerima Yesus Kristus pada awalnya, iman kita adalah sebesar biji sesawi. Saat kita tetap dengan rajin menghadiri kebaktian-kebaktian gereja, mendengar Firman Allah, dan hidup seturut Firman Allah itu, kita menjadi semakin benar. Lebih lanjut, saat iman kita bertumbuh menjadi iman yang besar, tanda-tanda yang menyertai orang percaya pasti akan menyertai kita.

Mengenai berdoa untuk menyembuhkan orang sakit, dalam doa seperti itu harus ditanankam iman rohani orang-orang yang berdoa. Karena perwira – yang hambanya menderita sakit lumpuh dan sangat menderita – yang diceritakan dalam Matius 8 memiliki iman percaya bahwa hambanya akan sembuh jika Yesus mengatakan sepatah kata saja, hambanya disembuhkan saat itu juga (Matius 8:5-13).

Selanjutnya, bila kita mendoakan orang sakit, kita harus kuat dalam iman dan tidak ragu karena, Firman Allah berkata kepada kita, *"Hendaklah ia memintanya dalam iman, dan sama sekali jangan bimbang, sebab orang yang bimbang sama dengan gelombang laut, yang diombang-ambingkan kian ke mari oleh angin. Orang yang demikian janganlah mengira, bahwa ia akan menerima sesuatu dari Tuhan. Orang yang demikian janganlah mengira, bahwa ia akan menerima sesuatu dari Tuhan"* (Yakobus 1:6-7).

Allah senang dengan iman yang kuat dan mantap yang tidak goyang maju mundur, dan apabila kita bersatu dalam kasih dan berdoa bagi orang sakit dengan iman, Allah akan bekerja dengan lebih besar. Karena penyakit adalah akibat dosa dan Allah adalah TUHAN Penyembuh kita (Keluaran 15:26), bila kita saling mengaku dosa dan saling mendoakan, Allah mengaruniakan kepada kita pengampunan dan kesembuhan.

Bila Anda berdoa dengan iman rohani dan dalam kasih rohani, Anda akan mengalami pekerjaan Allah yang besar, menyaksikan kasih Tuhan, dan menghormati-Nya.

2. Doa Orang Benar Besar Kuasanya dan Efektif

Menurut *The Merriam-Webster Dictionary*, orang benar adalah seseorang yang "bertindak sesuai dengan hukum atau moral ilahi, bebas dari kesalahan maupun dosa." Tetapi Roma 3:10 berkata kepada kita bahwa, *"Tidak ada yang benar, seorang pun tidak."* Dan Allah berkata, *"Karena bukanlah orang yang mendengar hukum Taurat yang benar di hadapan*

Allah, tetapi orang yang melakukan hukum Tauratlah yang akan dibenarkan" (Roma 2:13), dan *"Sebab tidak seorang pun yang dapat dibenarkan di hadapan Allah oleh karena melakukan hukum Taurat, karena justru oleh hukum Taurat orang mengenal dosa"* (Roma 3:20).

Dosa memasuki dunia melalui ketidaktaatan Adam manusia pertama yang diciptakan dan tak terhitung banyaknya orang yang sampai pada penghukuman karena dosa satu orang (Roma 5:12, 18) Bagi umat manusia yang kurang merasakan kemuliaan-Nya, terpisah dari Hukum, kebenaran Allah dinyatakan, dan kebenaran Allah datang melalui iman dalam Yesus Kristus bagi semua orang percaya (Roma 3:21-23).

Karena "kebenaran" dunia ini berubah-ubah sesuai nilai-nilai setiap generasi, kebenaran dunia tidak bisa menjadi standar kebenaran yang benar. Tetapi, karena Allah tidak pernah berubah, kebenaran-Nya bisa menjadi standar kebenaran sejati.

Karena itu, tertulis dalam Roma 3:28, *"Karena kami yakin bahwa manusia dibenarkan oleh iman, dan bukan karena ia melakukan hukum Taurat."* Jika demikian, adakah kami membatalkan hukum Taurat karena iman? Sama sekali tidak! Sebaliknya, kami meneguhkannya (Roma 3:31).

Jika kita dibenarkan oleh iman, kita harus menghasilkan buah kekudusan dengan dibebaskan dari dosa dan menjadi hamba Allah. Kita harus berjuang untuk menjadi benar dengan membuang setiap ketidakbenaran yang merupakan pelanggaran atas Firman Allah dan hidup sesuai Firman-Nya yang merupakan kebenaran itu sendiri.

Allah menyatakan orang "benar" yang imannya disertai perbuatan dan yang berjuang untuk hidup sesuai Firman-Nya hari demi hari, dan menyatakan pekerjaan-Nya dalam menjawab doa mereka. Bagaimana Allah akan menjawab seseorang yang menghadiri gereja di gereja namun telah membangun dinding dosa antara ia dan Allah melalui ketidaktaatan kepada orangtua, perselisihan dengan saudaranya, dan melakukan pelanggaran?

Allah membuat doa orang benar – orang yang menaati dan hidup oleh Firman Allah dan menunjukkan bukti kasihnya kepada Allah – besar kuasanya dan efektif dengan memberinya kekuatan doa.

Dalam Lukas 18:1-18 adalah Perumpamaan tentang janda yang Gigih Ayat bacaan itu menampilkan seorang janda dan sebuah kasus yang ia bawa ke hadapan hakim yang tidak takut akan Allah dan tidak menghormati seorang pun. Sekalipun hakim itu tidak takut akan Allah dan tidak terlalu peduli pada orang lain, akhirnya ia menolong janda itu. Hakim itu berkata kepada dirinya sendiri, *"Walaupun aku tidak takut akan Allah dan tidak menghormati seorang pun, namun karena janda ini menyusahkan aku, baiklah aku membenarkan dia, supaya jangan terus saja ia datang dan akhirnya menyerang aku."*

Di akhir perumpamaan ini Yesus berkata, *"Camkanlah apa yang dikatakan hakim yang lalim itu! Tidakkah Allah akan membenarkan orang-orang pilihan-Nya yang siang malam berseru kepada-Nya? Dan adakah Ia mengulur-ulur waktu sebelum menolong mereka? Aku berkata kepadamu: Ia akan segera membenarkan mereka"* (Lukas 18:7-8).

Tetapi, apabila kita melihat ke sekeliling, ada orang yang mengaku sebagai anak Allah, berdoa siang dan malam dan sering berpuasa, namun tidak menerima jawaban-Nya. Orang seperti itu harus menyadari bahwa mereka belum jadi benar di mata Allah.

Filipi 4:6-7 mengatakan, *"Janganlah kamu kuatir akan apapun, nyatakanlah keinginanmu kepada Allah dalam doa dengan ucapan syukur. Dan damai sejahtera Allah, yang melampaui segala akal, akan menjaga hati dan pikiranmu dalam Kristus Yesus."* Tergantung dari seberapa besar seseorang telah menjadi "benar" menurut pandangan Allah dan berdoa dengan iman dan dalam kasih, derajat ia menerima jawaban Allah akan bervariasi. Setelah ia memenuhi kualifikasi sebagai orang benar dan berdoa, ia bisa segera menerima jawaban Allah dan memuliakan Allah. Karena itu, hal terpenting bagi manusia adalah meruntuhkan dinding dosa yang merintangi jalan menuju Allah, memiliki kualifikasi untuk dinyatakan "benar" di mata Allah, dan berdoa dengan sungguh-sungguh dalam iman dan dalam kasih.

3. Karunia dan kuasa

"Karunia" adalah hadiah-hadiah yang Allah berikan secara bebas dan mengacu pada sebuah pekerjaan khusus Allah dalam kasih-Nya. Semakin banyak seorang berdoa, semakin ia rindu dan meminta karunia Allah. Tetapi kadangkala, ia mungkin meminta kepada Allah karunia yang sesuai dengan hasratnya yang menipu. Ini berarti membawa kehancuran bagi dirinya sendiri dan karena ini tidak benar di mata Allah, ia harus menjaga dirinya dari hal itu.

Dalam Kisah Para Rasul 8 ada seorang penyihir bernama Simon yang, setelah mendengar pemberitaan injil oleh Filipus, mengikuti Filipus kemana pun, dan takjub akan tanda-tanda dan mujizat besar yang ia lihat (Ayat 9-13) Ketika Simon melihat bahwa Roh Kudus diberikan atas penumpangan tangan Petrus dan Yohanes, ia menawarkan uang kepada rasul-rasul itu dan meminta kepada mereka *"Berikanlah juga kepadaku kuasa itu, supaya jika aku menumpangkan tanganku di atas seseorang, ia boleh menerima Roh Kudus"* (Ayat 17-19). Menjawabnya, Petrus menegur Simon: *"Tetapi Petrus berkata kepadanya: "Binasalah kiranya uangmu itu bersama dengan engkau, karena engkau menyangka, bahwa engkau dapat membeli karunia Allah dengan uang. Tidak ada bagian atau hakmu dalam perkara ini, sebab hatimu tidak lurus di hadapan Allah. Jadi bertobatlah dari kejahatanmu ini dan berdoalah kepada*

Tuhan, supaya Ia mengampuni niat hatimu ini; sebab kulihat, bahwa hatimu telah seperti empedu yang pahit dan terjerat dalam kejahatan" (Ayat 20-23).

Karena karunia diberikan kepada orang-orang yang memberitakan Allah yang hidup dan menyelematkan manusia, karunia-karunia itu harus dinyatakan di bawah pengawasan Roh Kudus. Jadi, sebelum meminta karunia Allah, kita harus menjadi benar di mata-Nya.

Setelah jiwa kita sejahtera dan kita telah membentuk diri kita sendiri menjadi alat yang dapat digunakan Allah, Ia mengizinkan kita meminta karunia-karunia dalam ilham Roh Kudus dan mengaruniakan kepada kita karunia yang kita minta.

Kita tahu bahwa semua bapa leluhur iman kita digunakan Allah untuk tujuan tertentu. Sebagian menyatakan kuasa Allah yang besar, sebagian hanya bernubuat tanpa menyatakan kuasa Allah, dan sebagian lagi hanya mengajar orang. Semakin banyak mereka memiliki iman dan kasih yang utuh, Allah memberikan kepada mereka kuasa yang lebih besar dan memperbolehkan mereka melakukan pekerjaan yang lebih besar.

Ketika ia hidup sebagai pangeran Mesir, temperamen Musa sangat tinggi dan cepat hingga ia segera membunuh seorang Mesir yang memperlakukan dengan buruk sesamanya bangsa Israel. Setelah melalui berbagai ujian, Musa menjadi manusia yang sangat rendah hati, lebih rendah hati daripada semua manusia di muka bumu dan kemudian meneriman kuasa yang besar. Ia membawa bangsa Israel keluar dari Mesir dengan menunjukkan berbagai tanda-tanda dan mujizat (Bilangan 12:3).

Kita juga tahu tentang doa nabi Elia yang tertulis dalam Yakobus 5:17-18, *"Elia adalah manusia biasa sama seperti kita, dan ia telah bersungguh-sungguh berdoa, supaya hujan jangan turun, dan hujanpun tidak turun di bumi selama tiga tahun dan enam bulan. Lalu ia berdoa pula dan langit menurunkan hujan dan bumipun mengeluarkan buahnya."*

Seperti yang sudah kita lihat dan seperti yang dikatakan Alkitab, doa orang benar besar kuasanya dan efektif. Kekuatan dan kuasa seorang benar istimewa. Sementara ada jenis doa dimana orang tidak mampu menerima jawaban Allah sekalipun sudah menghabiskan banyak waktu berdoa, ada juga doa yang memiliki kekuatan besar yang mendatangkan jawaban-Nya dan juga manifestasi kuasa-Nya. Allah senang menerima doa penuh iman, kasih, dan pengorbanan, dan mengizinkan manusia memuliakan dia melalui berbagai karunia dan kuasa yang Ia berikan kepada manusia.

Namun demikian, kita tidak benar sejak semula, hanya setelah kita menerima Yesus Kristus kita dibenarkan oleh iman. Kita menjadi benar sebanyak kita sadar akan dosa dengan mendengarkan Firman-Nya, membuang ketidakbenaran, dan jiwa kita sejahtera. Selanjutnya, karena kita diubahkan menjadi orang benar sejak kita hidup dan berjalan di dalam terang dan dalam kebenaran, setiap hari hidup kita harus diubahkan oleh Allah sehingga kita juga bisa mengakui seperti yang diakui rasul Paulus, *"Tiap-tiap hari aku berhadapan dengan maut"* (1 Korintus 15:31).

Saya mendorong Anda untuk melihat kembali Anda sampai titik ini dan lihat apakah ada dinding yang merintangi jalan Anda kepada Tuhan dan jika ada, hancurkanlah itu dengan segera.

Semoga setiap Anda taat oleh iman, dan berdoa sebagai orang benar sehingga Anda akan dinyatakan benar, menerima berkat-berkat-Nya dalam segala hal yang Anda lakukan, dan memuliakan Allah tanpa keraguan, dalam nama Tuhan aku berdoa.

Bab 6

Jika Ada Dua Orang Bersepakat
di Dunia Ini

Matius 18:19-20

Dan lagi Aku berkata kepadamu: Jika dua orang dari padamu di dunia ini sepakat meminta apa pun juga, permintaan mereka itu akan dikabulkan oleh Bapa-Ku yang di surga. Sebab di mana dua atau tiga orang berkumpul dalam Nama-Ku, di situ Aku ada di tengah-tengah mereka.

1. Allah Senang Menerima Doa dalam Kesepakatan

Sebuah pepatah Korea mengungkapkan, "Lebih baik mengangkat bersama bahkan selembar kertas." Daripada memisahkan diri sendiri dan berusaha melakukan segalanya sendiri, pepatah tua ingin mengajar kita, efisiensi akan datang dan hasil yang lebih baik bisa diperoleh apabila dua atau tiga orang bekerjasama. Kekristenan yang menekankan kasih terhadap sesama dan komunitas gereja harus menjadi teladan yang baik hal ini pula.

Pengkotbah 4:9-12 mengatakan, *"Berdua lebih baik dari pada seorang diri, karena mereka menerima upah yang baik dalam jerih payah mereka. Karena kalau mereka jatuh, yang seorang mengangkat temannya, tetapi wai orang yang jatuh, yang tidak mempunyai orang lain untuk mengangkatnya! Juga kalau orang tidur berdua, mereka menjadi panas, tetapi bagaimana seorang saja dapat menjadi panas? Dan bilamana seorang dapat dikalahkan, dua orang akan dapat bertahan. Tali tiga lembar tak mudah diputuskan."* Ayat-ayat ini mengajari ini bahwa ketika orang bersatu dan berkolaborasi, kuasa dan sukacita besar dapat dihasilkan.

Begitu pula, Matius 18:19-20 mengajari kita betapa pentingnya bagi orang percaya untuk berkumpul bersama dan berdoa dalam kesepakatan. Ada "doa pribadi" dimana orang berdoa untuk masalah mereka sendiri atau berdoa untuk merenungkan Firman Allah dalam saat teduh, dan "doa dalam kesepakatan" dimana sejumlah orang berkumpul untuk berseru kepada Allah.

Seperti yang dikatakan Yesus "jika dua orang dari padamu di dunia ini sepakat" dan "dimana dua atau tiga orang berkumpul di dalam namaku," doa dalam kesepakatan merujuk pada doa banyak orang dalam satu pikiran. Allah mengatakan bahwa ia senang menerima doa dalam kesepakatan dan berjanji kepada kita bahwa Ia akan melakukan apa pun yang kita minta dari-Nya dan hadir apabila dua atau tiga orang berkumpul di dalam nama Tuhan kita.

Bagaimana kita bisa memuliakan Allah dengan jawaban yang kita terima dari-Nya melalui doa dalam kesepakatan di rumah dan di gereja, dan di dalam kelompok dan sel? Mari kita menggali pentingnya dan metode doa dalam kesepakatan dan menjadikan kuasanya sebagai makanan rohani kita sehingga kita bisa menerima apa pun dari Allah saat kita berdoa bagi kerajaan-Nya, kebenaran, dan gereja, dan

2. Pentingnya Doa dalam Kesepakatan

Pada bagian awal yang menjadi dasar dari ayat ini, Yesus berkata pada kita, *"Dan lagi Aku berkata kepadamu: Jika dua orang dari padamu di dunia ini sepakat meminta apa pun juga, permintaan mereka itu akan dikabulkan oleh Bapa-Ku yang di surga"* (Matius 18:19). Disini kita temukan sedikit keganjilan. Bukannya mengacu kepada doa "satu orang," "tiga orang," atau "dua atau lebih banyak orang," mengapa Yesus secara spesifik berkata "jika dua orang dari padamu di dunia ini sepakat meminta apa pun juga" dan menekankan pada "dua" orang?

"Dua orang dari padamu" disini berarti, dalam istilah-istilah relatif, setiap kita "saya" dan semua orang lainnya. Dengan kata lain, "dua dari padamu" bisa mengacu pada satu orang, sepuluh orang, sepuluh orang, seratus orang, atau seribu orang, sebagai tambahan kepada diri sendiri.

Apa, kemudian, makna rohani "dua dari padamu"? Kita memiliki "diri" kita sendiri dan di dalam kita tinggal Roh Kudus dengan karakter-Nya sendiri. Seperti tertulis dalam Roma 8:26, *"Demikian juga Roh membantu kita dalam kelemahan kita; sebab kita tidak tahu, bagaimana sebenarnya harus berdoa; tetapi Roh sendiri berdoa untuk kita kepada Allah dengan keluhan-keluhan yang tidak terucapkan"* Roh Kudus yang brdoa untuk kita menjadikan hati kita bait tempat tinggal.

Kita menerima kuasa untuk menjadi anak-anak Allah ketika percya kepada-Nya dan menerima Yesus sebagai Juru Selamat kita. Roh Kudus hadir dan menghidupkan kembali roh kita yang telah mati akibat dosa kita mula-mula. Karena itu, dalam setiap anak-anak Allah ada hatinya sendiri dan Roh Kudus dengan karakternya sendiri.

"Dua orang dari padamu di dunia ini" berarti doa akal budi kita sendiri dan doa roh kita yang adalah Roh Kudus yang berdoa (1 Korintus 14:15; Roma 8:26). Dengan berkata "dua orang dari padamu di dunia ini sepakat meminta apa pun juga" berarti bahwa kedua doa itu dinaikkan kepada Allah dalam kesepakatan. Juga, saat Roh Kudus bersama-sama dengan seseorang atau dua orang atau lebih di dalam doa, ini karena "dua orang dari padamu" di dunia sepakat untuk meminta apa pun.

Dengan mengingat pentingnya doa dalam kesepakatan, kita pasti mengalami pemenuhan janji Tuhan *"Dan lagi Aku berkata kepadamu: Jika dua orang dari padamu di dunia ini sepakat meminta apapun juga, permintaan mereka itu akan dikabulkan oleh Bapa-Ku yang di sorga"* (Matius 18:19).

3. Metode Doa dalam Kesepakatan

Allah senang menerima doa dalam kesepakatan, segera memberikan jawaban bagi doa seperti itu, dan menunjukkan kuasa-Nya yang besar karena orang berdoa kepada-Nya dengan satu hati.

Pastilah itu akan menjadi sukacita melimpah, damai, kemuliaan tak terhingga bagi Allah bila Roh Kudus dan setiap kita berdoa dengan satu hati. Kita akan mampu mendatangkan "jawaban api" dan terang-terangan bersaksi bagi Allah yang hidup. Namun demikian, menjadi "satu hati" bukanlah pekerjaan mudah dan membawa hati kita ke dalam kesepakatan mengandung implikasi penting.

Seandainya seorang hamba memiliki dua tuan, bukankah kesetiaan dan hati melayaninya akan terbagi? Masalahnya menjadi lebih serius jika kedua tuan hamba itu memiliki kepribadian dan selera yang berbeda.

Kembali, seandainya dua orang berkumpul dan membuat rencana sebuah kegiatan. Tapi, jika mereka gagal bersepakat dan malah tetap berbeda pendapat, maka dapat disimpulkan bahwa keadaan tidak akan menjadi baik. Lebih lagi, jika kedua orang itu melakukan pekerjaan mereka sendiri-sendiri dengan tujuan berbeda di hati mereka, dari luar rencana mereka mungkin tampak baik-baik saja namun hasilnya pasti sudah jelas. Karena itu, kemampuan menjadi satu hati baik saat berdoa sendiri, dengan orang lain, atau dengan dua atau lebih orang adalah kunci untuk menerima jawaban Allah.

Bagaimana, kemudian, kita menjadi satu hati dalam doa?

Orang yang berdoa dalam kesepakatan harus berdoa menurut ilham Roh Kudus, ditawan oleh Roh Kudus, menjadi satu hati dalam Roh Kudus, dan berdoa dalam Roh Kudus (Efesus 6:18). Karena Roh Kudus mengenal hati Allah, ia menyelidiki segala hal, bahkan hal-hal yang tersembunyi dalam diri Allah (1 Korintus 2:10) dan berdoa untuk kita sesuai dengan kehendak Allah (Roma 8:27). Saat kita berdoa sesuai pimpinan Roh

Kudus, Allah berkenan menerima doa kita, memberi kepada kita apa pun yang kita minta, dan bahkan menjawab kerinduan-kerinduan hati kita.

Untuk bisa berdoa dalam kepenuhan Roh Kudus, kita harus percaya kepada Firman Allah tanpa ragu, menaati kebenaran, selalu bersukacita, tetap berdoa, dan mengucap syukur dalam segala keadaan. Kita juga harus berseru kepada Allah dari dalam hati kita. Ketika kita menunjukkan iman yang disertai perbuatan dan bergumul dalam doa, Allah berkenan dan memberikan sukacita kepada kita melalui Roh Kudus. Inilah yang disebut "dipenuhi" dan "diilhami oleh" Roh Kudus.

Sebagian orang percaya baru maupun orang-orang yang tidak terbiasa berdoa belum menerima kuasa doa dan dengan demikian cenderung merasa doa dalam kesepakatan sukar dan sulit. Jika orang seperti itu mencoba berdoa selama satu jam, mereka berusaha muncul dengan berbagai topik doa namun tidak mampu berdoa satu jam penuh. Mereka menjadi letih dan lesu, tidak sabar menunggu waktu segera berlalu, dan akhirnya mengoceh dalam doa. Doa seperti itu merupakan "doa akal budi" yang tidak akan dijawab Allah.

Bagi banyak orang, walaupun mereka telah ke gereja lebih dari sepuluh tahun, doa mereka masih saja doa akal budi. Bagi kebanyakan orang yang berkecil hati dan mengeluhkan tidak adanya jawaban Allah tidak bisa menerima jawaban Allah karena doa mereka adalah doa akal budi. Namun, ini tidak dimaksudkan bahwa Allah berpaling dari doa mereka. Allah mendengar doa mereka, hanya saja tidak bisa menjawabnya.

Sebagian mungkin akan bertanya,"Apakah ini berarti tidak ada gunanya berdoa karena kita berdoa tanpa ilham Roh Kudus?" Namun, bukan itu masalahnya. Sekalipun mereka berdoa hanya dengan akal budi mereka, saat mereka tekun berseru kepada Allah gerbang doa akan terbuka dan mereka akan menerima kuasa dan mulai berdoa dalam roh. Tanpa doa, pintu gerbang doa tidak bisa terbuka. Karena Allah juga mendengar doa akal budi, saat pintu gerbang doa terbuka, Anda akan bersatu dengan Roh Kudus, mulai berdoa dalam ilham Roh Kudus, dan menerima jawaban-jawaban yang Anda minta di masa lalu.

Seandainya ada anak yang tidak menyenangkan ayahnya. Karena sang anak tidak bisa menyenangkan ayahnya melalui perbuatannya, ia tidak bisa menerima apa pun yang ia minta dari ayahnya. Namun demikian, suatu hari sang anak mulai menyenangkan hati ayahnya melalui perbuatan dan sang ayah mulai merasa bahwa sang anak mengejar hatinya. Sekarang, bagaimana sang ayah akan memperlakukan anaknya? Ingatlah bahwa hubungan mereka tidak lagi seperti di masa lalu. Sang ayah ingin memberikan kepada anaknya apa yang belakangan ia minta dan sang anak bahkan menerima hal-hal yang ia minta di masa lalu.

Begitu pula, walaupun doa kita berasal dari akal budi kita,

jika doa itu sudah ditimbun, kita akan menerima kuasa doa dan mulai berdoa dengan cara yang berkenan kepada Allah saat pintu gerbang doa terbuka bagi Anda. Kita juga bahkan akan menerima hal-hal yang kita minta kepada Allah di masa lalu dan menyadari bahwa Ia tidak mengabaikan satu bagian sepele dari doa kita.

Lebih lagi, bila kita berdoa dalam roh dalam kepenuhan Roh Kudus, kita tidak akan jadi letih dan kalah dari rasa kantuk atau pikiran duniawi melainkan berdoa dalam iman dan dalam sukacita. Inilah bagaimana sekelompok orang bisa berdoa dalam kesepakatan karena mereka berdoa dalam roh dan dalam kasih dengan satu pikiran dan satu kehendak.

Kita membaca pada bagian kedua ayat itu yang menjadi dasar pasar itu, *"Sebab di mana dua atau tiga orang berkumpul dalam Nama-Ku, di situ Aku ada di tengah-tengah mereka"* (Matius 18:20). Ketika orang berkumpul untuk berdoa di dalam nama Yesus Kristus, anak-anak Allah yang telah menerima Roh Kudus pada hakikatnya akan berdoa dalam kesepakatan, dan Tuhan kita pasti akan berada di tengah mereka. Dengan kata lain, apabila sekelompok orang yang telah menerima Roh Kudus berkumpul dan berdoa dalam kesepakatan, Tuhan kita akan menyelidiki pikiran setiap orang, menyatukan pikiran mereka melalui Roh Kudus, dan memimpin mereka menjadi satu pikiran sehingga doa mereka berkenan kepada Allah kita.

Tetapi, jika sekelompok orang tidak bisa berkumpul bersama dan menjadi satu hati, kelompok itu sebagai satu kesatuan tidak bisa berdoa dalam kesepakatan atau berdoa dari hati masing-masing peserta sekalipun jika mereka berdoa untuk satu tujuan karena hati seorang peserta tidak dalam kesepakatan dengan hati peserta lain di kelompok itu. Jika hati orang-orang yang hadir tidak bisa disatukan, pemimpin doa harus memimpin pujian dan pertobatan agar hati semua orang yang berkumpul bisa menjadi satu dalam Roh Kudus.

Tuhan kita akan hadir bersama orang-orang yang berdoa apabila mereka menjadi satu dalam Roh Kudus, sebagaimana Ia mengawasi dan memimpin hati setiap orang yang hadir. Apabila doa orang tidak dalam kesepakatan, harus dipahami bahwa Allah tidak bisa bersama orang seperti itu.

Apabila orang menjadi satu dalam Roh Kudus dan berdoa dalam kesepakatan, semua orang akan berdoa dari hatinya, dipenuhi oleh roh Kudus, tubuhnya berkeringat, dan mendapat kepastian jawaban Allah yang mereka minta sebagai hembusan angin sukacita dari atas yang meliputi mereka. Tuhan kita akan ada bersama orang-orang yang berdoa seperti itu, dan doa seperti itu adalah jenis doa yang menyenangkan Allah.

Dengan berdoa dalam kesepakatan dalam kepenuhan Roh Kudus dan dari hati Anda, saya berharap Anda akan menerima apa pun yang Anda minta dalam doa dan dengan demikian memuliakan Allah saat Anda berkumpul bersama orang lain dari sel atau kelompok dan di rumah atau gereja.

4. Kuasa Besar Doa dalam Kesepakatan

Salah satu keuntungan doa dalam kesepakatan adalah perbedaan kecepatan waktu menerima jawaban dari Allah dan bentuk pekerjaan yang dinyatakan Allah karena, sebagai contoh, ada perbedaan drastis dalam kuantitas doa antara doa 30 menit seseorang dengan satu permohonan dan doa 30 menit sepuluh orang dengan permohonan yang sama. Apabila orang berdoa dalam kesepakatan dan Allah berkenan menerima doa mereka, mereka akan mengalami manifestasi pekerjaan Allah yang tidak dapat disangkal dan kuasa besar doa doa mereka.

Dalam Kisah Para Rasul 1:12-15, kita temukan bahwa setelah Tuhan bangkit dan naik ke surga sekelompok orang termasuk murid-murid-Nya memiliki kebiasaan berkumpul bersama dalam doa. Jumlah orang dalam kelompok itu kurang lebih 120 orang. Dalam harapan yang sungguh-sungguh untuk menerima Roh Kudus yang telah dijanjikan Yesus kepada mereka, orang-orang tersebut berkumpul untuk berdoa dalam kesepakatan hingga hari Pentakosta.

Ketika tiba hari Pentakosta, semua orang percaya berkumpul di satu tempat. Tiba-tiba turunlah dari langit suatu bunyi seperti tiupan angin keras yang memenuhi seluruh rumah, di mana mereka duduk; dan tampaklah kepada mereka lidah-lidah seperti nyala api yang bertebaran dan hinggap pada mereka masing-masing. Maka penuhlah mereka dengan Roh Kudus, lalu mereka mulai berkata-kata dalam bahasa-bahasa lain, seperti yang diberikan oleh Roh itu kepada mereka untuk mengatakannya (Kisah Para Rasul 2:1-4).

Betapa menakjubkan pekerjaan Allah ini? Saat mereka berdoa dalam kesepakatan, setiap orang di antara 120 orang yang berkumpul menerima Roh Kudus dan mulai berkata-kata dalam bahasa-bahasa lain. Para rasul juga menerima kuasa besar dari Allah sehingga sejumlah orang yang telah menerima Yesus Kristus melalui pemberitaan Petrus dan memberi diri dibaptis bertambah kira-kira tiga ribu jiwa (Kisah Para Rasul 2:41). Saat berbagai jenis mujizat dan tanda-tanda ajaib ditunjukkan oleh para rasul, jumlah orang percaya bertambah hari demi hari dan kehidupan orang percaya juga mulai berubah (Kisah Para Rasul 2:43-47).

Ketika sidang itu melihat keberanian Petrus dan Yohanes dan mengetahui, bahwa keduanya orang biasa yang tidak terpelajar, heranlah mereka; dan mereka mengenal keduanya sebagai pengikut Yesus. Tetapi karena mereka melihat orang yang disembuhkan itu berdiri di samping kedua rasul itu, mereka tidak dapat mengatakan apa-apa untuk membantahnya (Kisah Para Rasul 4:13-14).

Dan oleh rasul-rasul diadakan banyak tanda dan mujizat di antara orang banyak. Semua orang percaya selalu berkumpul di Serambi Salomo dalam persekutuan yang erat. Orang-orang lain tidak ada yang berani menggabungkan diri kepada mereka. Namun mereka sangat dihormati orang banyak. Dan makin lama makin bertambahlah jumlah orang yang percaya kepada Tuhan, baik laki-laki maupun perempuan, bahkan mereka membawa orang-orang sakit ke luar, ke jalan raya, dan membaringkannya di atas balai-balai dan tilam, supaya, apabila Petrus lewat, setidak-tidaknya bayangannya mengenai salah seorang dari mereka. Dan juga orang banyak dari kota-kota di sekitar Yerusalem datang berduyun-duyun serta membawa orang-orang yang sakit dan orang-orang yang diganggu roh jahat. Dan mereka semua disembuhkan (Kisah Rasul 5:12-16).

Kuasa doa dalam kesepakatanlah yang memampukan para rasul untuk denganberani memberitakan Firman, menyembuhkan orang buta, orang lumpuh, orang yang lemah, membangkitkan orang mati, meyembuhkan berbagai macam penyakit, dan mengusir roh-roh jahat.

Berikur adalah pengalaman Petrus yang waktu itu di penjara pada masa pemerintahan Herodes (Agripa I) yang secara luas ditandai dengan penganiayaannya terhadap Kekristenan. Dalam Kisah Para Rasul 12:5 kita temukan, *"Demikianlah Petrus ditahan di dalam penjara. Tetapi jemaat dengan tekun mendoakannya kepada Allah."* Saat Petrus tertidur, kedua kakinya dibelenggu rantai, jemaat berdoa untuk dia dalam kesepakatan. Setelah Allah mendengar doa jemaat itu, Ia mengiirmkan malaikat-Nya untuk menyelamatkan Petrus.

Pada malam sebelum Herodes hendak menghadapkannya kepada orang banyak, Petrus tidur di antara dua orang prajurit, terbelenggu dengan dua rantai. Selain itu prajurit-prajurit pengawal sedang berkawal di muka pintu. (Kisah Para Rasul 12:6) Tetapi Allah menyatakan kuasa-Nya dengan membuka belenggu rantai itu dan membuat pintu gerbang besi penjara itu terbuka dengan sendirinya (Kisah Para Rasul 12:7-10) Setibanya ia di rumah Maria ibu Yohanes, yang juga disebut Markus, Petrus menemukan banyak orang yang berkumpul dan berdoa untuknya (Kisah Para Rasul 12:12). Perbuatan ajaib seperti itu adalah hasil dari kuasa doa jemaat dalam kesepakatan.

Yang dilakukan jemaat bagi Petrus yang dipenjara hanyalah berdoa dalam kesepakatan. Demikianlah, saat masalah melanda sebuah jemaat atau saat penyakit menyerang orang percaya, bukannya menggunakan pemikiran dan cara-cara manusia atau khawatir dan menjadi gelisah, anak-anak Allah pertama-tama harus percaya bahwa Ia akan memecahkan semua masalah di hadapan mereka dan berkumpul bersama dalam satu pikir dan berdoa dalam kesepakatan.

Allah sangat tertarik kepada doa jemaat dalam kesepakatan, berkenan kepada doa dalam kesepakatan, dan menjawab doa semacam itu dengan perbuatan-perbuatan yang ajaib. Dapatkah Anda bayangkan betapa Allah akan senang melihat anak-anak-Nya berdoa dalam kesepakatan bagi kerajaan dan kebenaran-Nya?

Saat orang dipenuhi oleh Roh Kudus dan berdoa dengan roh mereka ketika mereka berkumpul bersama untuk berdoa dalam kesepakatan, mereka akan mengalami pekerjaan Allah yang besar. Mereka akan menerima kuasa untuk hidup sesuai Firman Allah, memberi kesaksian bagi Allah yang hidup sebagaimana yang dilakukan oleh para rasul dan jemaat mula-mula, mengembangkan kerajaan Allah dan menerima apa pun yang mereka minta.

Ingatlah bahwa Allah kita berjanji kepada kita ia akan menjawab kita apabila kita meminta dan berdoa dalam kesepakatan. Semoga setiap Anda sepenuhnya memahami pentingnya doa dalam kesepakatan dan dengan tekun bertemu dengan orang-orang yang berdoa di dalam nama Yesus Kristus, sehingga pertama Anda akan mengalami kuasa besar doa dalam kesepakatan, menerima kuasa doa, dan menjadi pekerja berharga yang bersaksi bagi Allah yang hidup, di dalam nama Tuhan saya berdoa.

Bab 7

Berdoalah Senantiasa Dengan Tidak Jemu-Jemu

Lukas 18:1-8

Yesus mengatakan suatu perumpamaan kepada mereka untuk menegaskan, bahwa mereka harus selalu berdoa dengan tidak jemu-jemu. Kata-Nya: "Dalam sebuah kota ada seorang hakim yang tidak takut akan Allah dan tidak menghormati seorang pun. Dan di kota itu ada seorang janda yang selalu datang kepada hakim itu dan berkata, 'Belalah hakku terhadap lawanku.' Beberapa waktu lamanya hakim itu menolak; tetapi kemudian ia berkata dalam hatinya, 'Walaupun aku tidak takut akan Allah dan tidak menghormati seorang pun, namun karena janda ini menyusahkan aku, Baiklah aku membenarkan dia, Ssupaya jangan terus saja ia datang dan akhirnya menyerang aku,'" Kata Tuhan:
"Camkanlah apa yang dikatakan hakim yang lalim itu; Tidakkah Allah akan membenarkan orang-orang pilihan-Nya yang siang malam berseru kepada-Nya, Dan adakah Ia mengulur-ulur waktu sebelum menolong mereka? Aku berkata kepadamu: Ia akan segera membenarkan mereka."

1. Perumpamaan Tentang Janda yang Pantang Menyerah

Saat Yesus mengajarkan firman Allah kepada kumpulan orang banyak itu, Ia akan berbicara kepada mereka dengan perumpamaan. "Perumpamaan Tentang Janda yang Pantang Menyerah" yang menjadi dasar dari bab ini menerangkan kepada kita akan pentingnya doa yang terus-menerus, bagaimana kita harus selalu berdoa, dan bahwa kita tidak boleh menyerah.

Seberapa gigihkah Anda berdoa untuk menerima jawaban Allah? Apakah Anda berhenti berdoa atau apakah Anda telah menyerah karena Allah belum menjawab doa Anda?

Di dalam kehidupan ini ada begitu banyak masalah dan perkara baik yang besar maupun yang kecil. Saat kita menginjili orang lain dan menceritakan kepada mereka tentang Allah yang hidup, ada yang mencari Allah dengan mulai datang ke gereja untuk menyelesaikan masalah-masalah mereka, dan yang lainnya datang hanya untuk menemukan kedamaian di hati.

Terlepas dari apa pun alasannya setiap orang datang ke gereja, saat mereka menyembah Allah dan menerima Yesus Kristus, mereka belajar bahwa mereka, sebagai anak-anak Allah, dapat menerima apa pun yang mereka minta dan diubahkan menjadi orang-orang pendoa.

Demikianlah, semua anak Allah harus belajar melalui firman-Nya tentang doa seperti apa yang berkenan kepada Allah, berdoa menurut esensi doa, dan memiliki iman untuk bertekun dan berdoa sampai mereka menerima buah jawaban dari Allah. Itulah sebabnya orang-orang yang memiliki iman sadar akan pentingnya doa dan berdoa dengan teratur. Mereka tidak melakukan dosa melalaikan doa bahkan walaupun mereka tidak segera menerima jawabannya. Bukannya menyerah, mereka malah semakin tekun berdoa.

Hanya dengan iman yang sedemikianlah maka orang dapat menerima jawaban Allah dan memberi kemuliaan bagi-Nya. Namun, walaupun ada banyak orang yang mengaku percaya, sungguh sulit untuk menemukan orang-orang yang memiliki iman begitu besar seperti ini. Itulah sebabnya Tuhan kita berduka dan bertanya, *"Ketika Anak Manusia datang, akankah Ia mendapati iman di dunia ini?"* (Lukas 18:8)

Di sebuah kota ada seorang hakim yang lalim dan seorang janda terus-menerus datang kepadanya dan memohon, "Belalah hakku terhadap lawanku." Hakim lalim ini mengharapkan suap tetapi janda yang miskin itu bahkan tidak dapat memberikan sedikit saja tanda terima-kasih kepada sang hakim. Namun, janda itu tetap saja datang kepada hakim dan memohon kepadanya dan hakim itu terus menolak permintaan si janda. Lalu pada suatu hari, hakim itu berubah pikiran. Apakah Anda tahu sebabnya? Dengarlah apa yang dikatakan oleh hakim itu kepada dirinya sendiri:

"Walaupun aku tidak takut akan Allah dan tidak

menghormati seorang pun, namun karena janda ini menyusahkan aku, baiklah aku membenarkan dia, supaya jangan terus saja ia datang dan akhirnya menyerang aku!" (Lukas 18:4-5)

Karena janda itu tidak pernah menyerah dan terus datang kepadanya dengan permohonannya, bahkan hakim yang lalim ini akhirnya hanya dapat menyerah pada permintaan si janda yang terus saja mengganggunya itu.

Di akhir perumpamaan ini yang digunakan Yesus sebagai kunci untuk menerima jawaban Allah, Ia menyimpulkan, *"Camkanlah apa yang dikatakan hakim yang lalim itu: Tidakkah Allah akan membenarkan orang-orang pilihan-Nya yang siang malam berseru kepada-Nya? Dan adakah Ia mengulur-ulur waktu sebelum menolong mereka? Aku berkata kepadamu: Ia akan segera membenarkan mereka"* (Ayat 6-8).

Jika seorang hakim yang lalim mendengarkan permohonan seorang janda, tidakkah Allah yang benar akan menjawab ketika anak-anak-Nya berseru kepada-Nya? Jika mereka melakukan janji doa untuk menerima jawaban untuk suatu masalah yang spesifik, berpuasa dan berjaga sepanjang malam, serta bergumul dalam doa, tidakkah Allah akan menjawab mereka dengan segera? Saya yakin banyak dari Anda pernah mendengar contoh-contoh dimana orang menerima jawaban Allah selama melakukan janji doa.

Di dalam Mazmur 50:15 Allah mengatakan kepada kita, *"Berserulah kepada-Ku pada waktu kesesakan, Aku akan meluputkan engkau, dan engkau akan memuliakan Aku."* Dengan kata lain, Allah ingin agar kita menghormati Dia dengan menjawab doa kita. Yesus mengingatkan kepada kita di dalam Matius 7:11, *"Jadi jika kamu yang jahat tahu memberi pemberian yang baik kepada anak-anakmu, apalagi Bapamu yang di sorga! Ia akan memberikan yang baik kepada mereka yang meminta kepada-Nya!"* Bagaimana mungkin, Allah yang tidak ragu memberikan kepada kita Anak-Nya yang tunggal untuk mati bagi kita, tidak menjawab doa anak-anak yang dikasihi-Nya? Allah rindu untuk memberikan jawaban-jawaban yang cepat kepada anak-anak-Nya yang mengasihi Dia.

Namun, mengapa ada begitu banyak orang yang mengatakan bahwa mereka tidak memperoleh jawaban-Nya walaupun mereka berdoa? Secara khusus, Firman Allah mengatakan kepada kita di dalam Matius 7:7-8, *"Mintalah, maka akan diberikan kepadamu; carilah, maka kamu akan mendapat; ketoklah, maka pintu akan dibukakan bagimu. Karena setiap orang yang meminta, menerima dan setiap orang yang mencari, mendapat dan setiap orang yang mengetok, baginya pintu dibukakan."* Itulah sebabnya mustahil doa kita tidak dijawab. Namun, Allah tidak dapat menjawab doa kita karena tembok dosa yang menghalangi kita dari-Nya, karena kita belum cukup berdoa, atau karena waktunya belum tiba bagi kita untuk menerima jawaban-Nya.

Kita harus selalu berdoa tanpa menyerah karena saat kita bertekun dan tetap berdoa dengan iman, Roh Kudus akan merobohkan tembok dosa yang menghalangi kita dari Allah dan membuka jalan pada jawaban Allah melalui pertobatan. Saat takaran doa kita sudah cukup dalam pandangan Allah, Ia pasti akan menjawab kita.

Di dalam Lukas 11:5-8 Yesus mengajari kita lagi tentang bertekun dan mendesak:

> *Jika seorang di antara kamu pada tengah malam pergi ke rumah seorang sahabatnya dan berkata kepadanya: "Saudara, pinjamkanlah kepadaku tiga roti, sebab seorang sahabatku yang sedang berada dalam perjalanan singgah ke rumahku dan aku tidak mempunyai apa-apa untuk dihidangkan kepadanya"; masakan ia yang di dalam rumah itu akan menjawab: "Jangan mengganggu aku, pintu sudah tertutup dan aku serta anak-anakku sudah tidur; aku tidak dapat bangun dan memberikannya kepada saudara." Aku berkata kepadamu: Sekalipun ia tidak mau bangun dan memberikannya kepadanya karena orang itu adalah sahabatnya, namun karena sikapnya yang tidak malu itu, ia akan bangun juga dan memberikan kepadanya apa yang diperlukannya.*

Yesus mengajari kita bahwa Allah tidak menolak melainkan menjawab desakan anak-anak-Nya. Saat kita berdoa kepada Allah, kita harus berdoa dengan berani dan dengan penuh ketekunan. Saya tidak bermaksud mengatakan bahwa Anda hanya menuntut tetapi berdoa dan meminta dengan rasa keyakinan oleh iman. Alkitab berkali-kali menyebutkan bahwa banyak bapa iman yang menerima jawaban dengan doa yang demikian.

Setelah Yakub bergulat dengan seorang malaikat di Sungai Yabok sampai dini hari, ia berdoa dengan sungguh-sungguh dan meminta dengan berkeras, *"Aku tidak akan membiarkanmu pergi sebelum engkau memberkati aku"* (Kejadian 32:26). Mulai dari saat itu, Yakub kemudian dipanggil "Israel" dan menjadi bapak moyang bangsa Israel.

Di dalam Matius 15, seorang perempuan Kanaan yang anak perempuannya menderita kerasukan setan pertama-tama datang kepada Yesus dan berseru kepada-Nya, *"Kasihanilah aku, ya Tuhan, Anak Daud, karena anakku perempuan kerasukan setan dan sangat menderita."* Tetapi Yesus sama sekali tidak menjawabnya (Matius 15:22-23). Ketika perempuan itu datang untuk kedua kalinya, berlutut di hadapan Yesus dan memohon kepadanya, Yesus hanya menjawab, *"Aku diutus hanya kepada domba-domba yang hilang dari umat Israel"* (Matius 15:25-26). Ketika perempuan itu mendesak Yesus sekali lagi, *"Benar Tuhan, namun anjing itu makan remah-remah yang jatuh dari meja tuannya,"* Maka Yesus menjawab dan berkata kepadanya: *"Hai ibu, besar imanmu, maka jadilah kepadamu seperti yang kaukehendaki"* (Matius 15:27-28).

Sama juga halnya, kita harus mengikuti jejak para bapa iman kita menurut Firman Allah dan selalu berdoa. Dan kita harus berdoa dengan iman, dengan rasa yakin, dan dengan hati yang tekun. Dengan iman kita kepada Allah yang memampukan kita untuk menuai di saat yang tepat, kita harus menjadi pengikut sejati Kristus di dalam kehidupan doa kita dengan pantang menyerah.

2. Mengapa Kita Harus Selalu Berdoa

Sama seperti manusia tidak dapat terus hidup tanpa bernafas, maka anak-anak Allah yang telah menerima Roh Kudus tidak dapat sampai ke dalam hidup yang kekal tanpa berdoa. Doa adalah suatu dialog dengan Allah yang hidup dan nafas rohani kita. Jika anak-anak Allah yang telah menerima Roh Kudus tidak berkomunikasi dengan Dia, maka mereka akan memadamkan api Roh Kudus dan dengan demikian tidak akan dapat lagi berjalan dalam jalan kehidupan tetapi malah akan terhilang ke jalan maut, dan pada akhirnya akan gagal untuk mencapai keselamatan.

Namun, agar doa dapat menjadi komunikasi dengan Allah, kita akan sampai pada keselamatan saat kita mendengar suara

Roh Kudus dan belajar serta hidup oleh kehendak Allah. Bahkan jika ada masalah yang datang kepada kita, Allah akan memberi kita jalan untuk menghindarinya. Ia juga akan bekerja untuk kebaikan kita di dalam segala sesuatu. Dengan doa kita juga akan mengalami kuasa dari Allah Mahakuasa yang menguatkan kita untuk menghadapi dan mengalahkan musuh kita si jahat, dan memberi kemuliaan bagi-Nya dengan iman kita yang setia yang membuat hal-hal yang mustahil menjadi mungkin.

Demikianlah Alkitab menyuruh kita untuk senantiasa berdoa (1 Tesalonika 5:17) dan bahwa ini merupakan "Kehendak Allah" (1 Tesalonika 5:18). Yesus memberikan contoh berdoa yang baik dengan berdoa secara teratur menurut kehendak Allah terlepas dari ruang dan waktu. Ia berdoa di gurun, di gunung, dan di banyak tempat lainnya, dan berdoa di waktu fajar dan di waktu malam.

Dengan berdoa secara terus-menerus, para bapa iman kita hidup menurut kehendak Allah. Nabi Samuel berkata kepada kita, *"Mengenai aku, jauhlah dari padaku untuk berdosa kepada TUHAN dengan berhenti mendoakan kamu; aku akan mengajarkan kepadamu jalan yang baik dan lurus"* (1 Samuel 12:23). Doa adalah merupakan kehendak Allah dan perintah-Nya; Samuel mengatakan kepada kita bahwa berhenti berdoa merupakan dosa.

Saat kita tidak berdoa atau berhenti dari kehidupan doa kita, pikiran-pikiran duniawi akan menyerang pikiran kita dan membuat kita tidak dapat hidup menurut kehendak Allah dan kita akan menghadapi kesulita karena kita tidak berada dalam perlindungan Allah. Demikianlah, saat orang-orang jatuh ke dalam godaan mereka menggerutu kepada Allah atau semakin menjauh dari Dia.

Karena alasan inilah maka 1 Petrus 5:8-9 berkata, *"Sadarlah dan berjaga-jagalah! Lawanmu, si Iblis, berjalan keliling sama seperti singa yang mengaum-aum dan mencari orang yang dapat ditelannya. Lawanlah dia dengan iman yang teguh, sebab kamu tahu, bahwa semua saudaramu di seluruh dunia menanggung penderitaan yang sama"* dan mendorong kita untuk senantiasa berdoa. Marilah kita berdoa jangan hanya ketika ada masalah tetapi senantiasa, sehingga kita akan selalu menjadi anak-anak Allah yang diberkati yang segala sesuatu dalam hidupnya berjalan dengan baik.

3. Pada Waktunya Kita Akan Menuai

Galatia 6:9 berkata, *"Janganlah kita jemu-jemu berbuat baik, karena apabila sudah datang waktunya, kita akan menuai, jika kita tidak menjadi lemah."* Sama halnya dengan berdoa. Jika kita senantiasa berdoa menurut kehendak Allah tanpa menyerah dan saat waktunya tiba, kita akan menuai hasilnya.

Jika seorang petani menjadi tidak sabar tidak lama setelah

menanam benih dan menggali benih itu dari tanah, atau jika ia gagal merawat tunasnya dan menunggu, apa gunanya mencoba memperoleh tuaian? Sampai kita memperoleh jawaban bagi doa kita, kita perlu bertekun dan berdedikasi.

Dan lagi, waktu penuaian berbeda-beda tergantung pada jenis benih yang ditanam. Ada benih yang menghasilkan buah dalam beberapa bulan, sementara yang lainnya bisa sampai bertahun-tahun. Sayuran dan gandum lebih mudah dipanen daripada apel atay tanaman langka seperti ginseng. Tanaman yang lebih berharga dan mahal, diperlukan lebih banyak waktu dan dedikasi.

Anda harus menyadari bahwa dibutuhkan lebih banyak doa untuk masalah yang lebih besar dan lebih serius yang Anda doakan. Saat nabi Daniel mendapat penglihatan mengenai masa depan bangsa Israel, ia meratap selama tiga minggu dan berdoa, Allah mendengar doa Daniel di hari pertama dan mengirimkan malaikat untuk memastikan nabi itu mengetahuinya (Daniel 10:12). Namun, karena pangeran penguasa udara menyerang malaikat itu selama 21 hari, malaikat itu baru dapat menemui Daniel di hari terakhir, dan barulah saat itu Daniel jadi mengetahuinya (Daniel 10:13-14).

Apa yang akan terjadi saat itu seandainya Daniel menyerah dan berhenti berdoa? Walaupun ia menjadi tertekan dan kehilangan kekuatan setelah melihat penglihatan itu, Daniel tetap berdoa dan akhirnya menerima jawaban dari Allah.

Saat kita bertekun oleh iman dan berdoa sampai kita memperoleh jawaban-Nya, Allah akan memberi kita penolong dan membawa kita pada jawaban-Nya. Itulah sebabnya malaikat yang membawa jawaban Allah kepada Daniel mengatakan kepada nabi itu, *"Pemimpin kerajaan orang Persia berdiri dua puluh satu hari lamanya menentang aku; tetapi kemudian Mikhael, salah seorang dari pemimpin-pemimpin terkemuka, datang menolong aku, dan aku meninggalkan dia di sana berhadapan dengan raja-raja orang Persia. Lalu aku datang untuk membuat engkau mengerti apa yang akan terjadi pada bangsamu pada hari-hari yang terakhir; sebab penglihatan ini juga mengenai hari-hari itu"* (Daniel 10:13-14).

Permasalahan seperti apakah yang sedang Anda doakan? Apakah doa Anda merupakan doa yang mencapai tahta Allah? Untuk dapat memahami penglihatan yang ditunjukkan Allah kepadanya, Daniel memutuskan untuk merendahkan diri dengan tidak makan makanan yang sedap, dan juga tidak makan daging ataupun minum anggur, dan ia juga tidak menggunakan berurap sama sekali sampai selesai waktu tiga minggu itu (Daniel 10:3). Ketika Daniel merendahkan dirinya selama tiga minggu itu dalam doa, Allah mendengar doanya dan menjawabnya pada hari pertama.

Di sini, perhatikan fakta bahwa walaupun Allah sudah mendengar doa Daniel dan menjawab dia di hari pertama, membutuhkan waktu tiga minggu bagi jawaban Allah untuk mencapai Daniel. Banyak orang, yang saat menghadapi masalah berat, mencoba berdoa selama satu atau dua hari dan cepat menyerah. Perbuatan seperti itu memperlihatkan iman mereka yang kecil.

Apa yang paling kita butuhkan di dalam generasi kita sekarang adalah hati yang percaya hanya kepada Allah yang pasti akan menjawab kita, bertekun, dan berdoa, terlepas dari waktu datangnya jawaban Allah. Bagaimana kita bisa mengharapkan menerima jawaban Allah tanpa bertekun?

Allah memberikan hujan pada musimnya, baik hujan di musim gugur dan hujan musim semi, dan menetapkan waktu untuk panen (Yeremia 5:24). Itulah sebabnya Yesus berkata kepada kita, *"Karena itu Aku berkata kepadamu: apa saja yang kamu minta dan doakan, percayalah kamu telah menerimanya, maka hal itu akan diberikan kepadamu"* (Matius 11:24). Karena Daniel percaya kepada Allah yang menjawab doa, ia bertekun dan tidak berhenti berrdoa sampai ia menerima jawaban Allah.

Alkitab berkata kepada kita, *"Dasar dari segala sesuatu yang kita harapkan dan bukti dari segala sesuatu yang tidak kita lihat"* (Ibrani 11:1). Jika ada orang yang telah menyerah dan berhenti berdoa karena ia belum menerima jawaban Allah, ia tidak boleh menganggap bahwa ia memiliki iman atau bahwa ia akan menerima jawaban Allah. Jika ia memiliki iman yang sejati, ia tidak akan tinggal dalam keadaan yang demikian melainkan akan berdoa terus-menerus tanpa menyerah. Itu karena ia percaya bahwa Allah, yang membuat kita menuai apa yang kita tabor dan membalas kita untuk perbuatan kita, pasti akan menjawab dia.

Efesus 5:7-8 menuliskan, *"Sebab itu janganlah kamu berkawan dengan mereka; Memang dahulu kamu adalah kegelapan, tetapi sekarang kamu adalah terang di dalam Tuhan. Sebab itu hiduplah sebagai anak-anak Terang,"* semoga setiap Anda memiliki iman yang sejati, bertekun dalam doa kepada Allah Yang Mahakuasa, dan menerima segala sesuatu yang Anda minta di dalam doa, dan menjalani hidup yang dipenuhi berkat Allah, dalam nama Tuhan Yesus Kristus saya berdoa!

Penulis:
Dr. Jaerock Lee

Dr. Jaerock Lee dilahirkan di Muan, Propinsi Jeonnam, Republik Korea, pada tahun 1943. Pada umur dua puluhan, Dr. Lee menderita berbagai penyakit yang tidak tersembuhkan selama tujuh tahun dan menunggu kematian tanpa ada harapan untuk pulih. Pada suatu hari di musim semi tahun 1974, ia dibawa ke gereja oleh saudara perempuannya dan saat ia berlutut untuk berdoa, Allah yang Hidup menyembuhkannya dari semua penyakit.

Mulai saat itu Dr. Lee bertemu dengan Allah yang Hidup melalui pengalaman yang menakjubkan itu, ia telah mengasihi Allah dengan segenap hati dan keikhlasan, dan pada tahun 1978 ia dipanggil untuk menjadi pelayan Allah. Ia berdoa dengan sangat tekun dengan doa puasa sehingga ia dapat memahami kehendak Allah dan melakukan sepenuhnya, dan menaati semua Firman Allah. Pada tahun 1982, ia mendirikan Gereja Pusat Manmin di Seoul, Korea, dan tidak terhitung banyaknya pekerjaan Allah, termasuk penyembuhan mukjizat dan keajaiban, telah terjadi di gerejanya.

Pada tahun 1986, Dr. Lee ditahbiskan sebagai pendeta pada Pertemuan Tahunan dari Gereja Sungkyul Yesus di Korea, dan empat tahun kemudian yaitu pada tahun 1990, khotbahnya mulai disiarkan ke Australia, Rusia, Filipina, dan banyak negara lain melalui Far East Broadcasting Company, Asia Broadcast Station, dan Washington Christian Radio System.

Tiga tahun kemudian yaitu pada tahun 1993, Gereja Pusat Manmin dipilih sebagai satu dari "50 Gereja Terkemuka Dunia" oleh majalah *Christian World* (AS) dan ia menerima Doktor Kehormatan Teologia dari Christian Faith College, Florida, AS, dan pada tahun 1996 sebuah gelar Ph.D dalam Pelayanan dari Kingsway Theological Seminary, Iowa, AS.

Sejak tahun 1993, Dr. Lee telah memimpin misi dunia melalui banyak Kebaktian Kebangunan Rohani (KKR) luar negeri di Tanzania, Argentina, L.A., Baltimore City, Hawaii, dan New York di Amerika Serikat, Uganda, Jepang, Pakistan, Kenya, Filipina, Honduras, India, Rusia, Jerman, Peru, Republik Demokrasi Kongo, Israel dan Estonia.

Pada tahun 2002, ia disebut "pembangun rohani seluruh dunia" oleh koran-koran Kristen utama di Korea untuk pekerjaannya dalam berbagai

KKR di luar negeri. Khususnya, "KKR New York tahun 2006" yang dia adakan di Madison Square Garden, arena yang sangat terkenal di dunia, disiarkan ke 220 negara, dan juga "KKR Israel Bersatu tahun 2009" yang diadakan di International Convention Center di Yerusalem di mana dia dengan tegas memproklamirkan bahwa Yesus Kristus adalah Mesias dan Juru Selamat. Kotbahnya disiarkan ke 176 negara via satelit termasuk GCN TV dan dia dimasukkan dalam daftar Top 10 Pemimpin Kristen Paling Berpengaruh pada tahun 2009 dan 2010 oleh majalah populer Rusia *In Victory* dan agensi *Christian Telegraph* karena pelayanan siaran TV dan pelayanan penggembalaan gereja luar negerinya yang berkuasa.

Pada bulan Maret 2016, Gereja Manmin Pusat memiliki kongregasi dengan jumlah jemaat lebih dari 120.000 orang. Ada 10.000 gereja cabang di seluruh dunia termasuk 56 cabang gereja domestik, dan sejauh ini telah mengirimkan lebih dari 102 misionaris ke 23 negara, termasuk Amerika Serikat, Rusia, Jerman, Kanada, Jepang, Cina, Perancis, India, Kenya, dan banyak lagi.

Hingga tanggal penerbitan buku ini, Dr. Lee telah menulis 101 buku, termasuk bestseller *Merasakan Kehidupan Kekal Sebelum Kematian, Hidupku Imanku I & II, Pesan Salib, Ukuran Iman, Sorga I & II, Neraka,* dan *Kuasa Allah*. Tulisan-tulisannya telah diterjemahkan ke dalam lebih dari 76 bahasa.

Kolom-kolom Kristennya muncul pada *The Hankook Ilbo, The JoongAng Daily, The Chosun Ilbo, The Dong-A Ilbo, The Seoul Shinmun, The Kyunghyang Shinmun, The Korea Economic Daily, The Korea Herald, The Shisa News,* dan The *Christian Press.*

Saat ini Dr. Lee adalah pemimpin dari banyak organisasi dan asosiasi misi termasuk: Termasuk Ketua dari The United Holiness Church of Jesus Christ, Persiden Tetap dari The World Christianity Revival Mission Association; Pendiri dan Ketua Dewan dari Global Christian Network (GCN), Pendiri dan Ketua Dewan dari The World Christian Doctors Network (WCDN), serta Pendiri dan Ketua Dewan dari Manmin International Seminary (MIS).

Buku-buku penuh kuasa lainnya dari penulis yang sama

Sorga I & II

Sketsa mendetil tentang indahnya lingkungan hidup yang dinikmati oleh warga sorga pada tingkat kelima kerajaan sorga.

Pesan Salib

Pesan kebangunan penuh kuasa bagi semua orang yang tertidur secara rohani Di dalam buku ini Anda akan menemukan kasih sejati Allah dan mengapa Yesus menjadi satu-satunya Juru Selamat.

Neraka

Sebuah pesan yang sungguh-sungguh kepada seluruh umat manusia dari Allah yang tidak ingin satu jiwa pun jatuh ke kedalaman neraka! Anda akan menemukan penjelasan yang belum pernah terungkap sebelumnya mengenai kenyataan kejam tentang Hades dan neraka.

Merasakan Kehidupan Kekal sebelum Kematian

Riwayat kesaksian Pendeta Dr. Jaerock Lee, yang dilahirkan kembali dan diselamatkan dari lembah kematian dan telah menjalani kehidupan Kristen yang teladan.

Ukuran Iman

Tempat tinggal seperti apakah, serta mahkota dan upah yang bagaimana yang disediakan bagi Anda di surga? Buku ini memberikan dengan hikmat dan bimbingan bagi Anda untuk mengukur iman Anda dan menanam iman yang terbaik dan paling dewasa.

www.urimbooks.com

www.ingramcontent.com/pod-product-compliance
Lightning Source LLC
LaVergne TN
LVHW041708060526
838201LV00043B/635